Viajes

Viajes
Una selección

Stefan Zweig

Traducción de Esther Cruz Santaella

catedral

Primera edición: enero de 2021

Diseño de la colección: Enric Jardí
Imagen de la cubierta: Nicolás Aznárez
Maquetación: Mireia Barreras

Título de la edición original: *Auf Reisen*

Dirección editorial: Ester Pujol

Catedral es un sello de Grup Enciclopèdia
Josep Pla, 95
08019 Barcelona

La edición de este libro se ha negociado a través de International Editors'Co. Agencia Literaria

La selección de los textos pertenece a Will Stone, y ha sido publicada por Pushkin Press

Impreso en Limpergraf

Depósito legal: B-20.971-2020
Impreso en la UE
ISBN: 978-84-16673-90-2

ÍNDICE

1902
DÍAS DE TEMPORADA EN OSTENDE

Los días de temporada alta en Ostende implican una ininterrumpida y colorida alternancia de celebraciones y eventos públicos. Para quienes frecuentan esta ciudad balneario belga —la más grande y elegante de todas— de inmediato queda en un segundo plano ese reclamo que, por norma general, lleva a la mayoría de la gente a visitar un lugar como este, es decir, la necesidad de reposo y esparcimiento. Las personas que durante todo el año se sienten inmersas en la atropellada y frenética rueda de las diversiones de la gran ciudad, quienes sienten además en su máximo esplendor el pulso de la vida y su consecuente tensión, están, por así decirlo, sobresaturadas de cultura y refinamiento y suelen intentar disfrutar de sus semanas de verano desconectando de toda esa presión, buscando el esparcimiento armónico, contemplativo y callado de la naturaleza. Pero el público de Ostende no. Para ellos el veraneo no es una pausa ni una desconexión, sino un resplandeciente eslabón más en la infinita cadena de los placeres mundanos, un sustituto para los soleados y calurosos bulevares de la gran ciudad, sus teatros, sus fiestas y jardines, que el verano hace impracticables. Poco a poco, Ostende se ha convertido en el improvisado punto de encuentro de esas aristocracias, auténticas y falsas, que, cual reluciente espuma, flotan siempre visibles sobre las olas de las capitales, aristocracias que se encuentran y se reconocen por todas partes, pues para ellas una ciudad natal no es más que una estación de paso desde la que llegar a los grandes centros internacionales de la diversión. Y Ostende acoge de muy buena gana a estos visitantes durante los meses álgidos del verano, desde julio hasta los últimos días de agosto.

Se podría hablar largo y tendido de esos días sin mencionar una sola palabra sobre lo magnífica que es la ubicación de Ostende, pues la naturaleza aquí no es más que otro ornamento en la imagen global. En apariencia, su suntuosa hermosura solo tiene como finalidad ensalzar el triunfo de la cultura moderna y ofrecer un marco digno a la perfección de la que aquí hacen gala la belleza humana y los logros del virtuosismo de la humanidad. El paseo marítimo de Ostende no funciona tanto como un amplio mirador desde el que contemplar el mar, que avanza con su brisa aromática y saludable, sino más bien como un sitio para admirar la asombrosa elegancia de los hoteles de playa y el esplendor de los trajes de las damas, que se pasean por allí como por la alameda de la gran ciudad. El muelle se adentra considerablemente en el mar y exhibe los grandiosos logros de la ingeniería moderna, con el puerto y sus elegantes barcos de vapores y veleros; las aguas en sí interesan más por los distinguidos trajes de baño y la relativamente relajada libertad de los usos y costumbres que por sus efectos beneficiosos. Como ya se ha dicho, en este lugar la naturaleza cuasi empequeñece ante la obra del ser humano, pues la civilización se planta frente a ella con sus avances más recientes, los más grandes y refinados.

La fisionomía de Ostende refleja desde luego la idiosincrasia de sus visitantes. Quienes trabajan mucho durante el año sienten en verano la necesidad de estar inactivos; sin embargo, las personas sin ocupación, o para las que su oficio en realidad nunca es un incordio, ansían en todo momento tener algún quehacer superficial, anhelo aquí satisfecho gracias al deporte y al juego. Para ilustrar hasta qué punto el juego se ha convertido en condición necesaria para la existencia de Ostende basta con saber que el año pasado, cuando hubo que clausurar los salones de juego de Ostende y Spa, el Estado belga quiso garantizar a estas dos ciudades una indemnización de siete millones de francos, normativa que, no obstante, por ahora no se ha hecho efectiva. En cualquier caso, la cuantía de la indemnización da una idea aproximada del desorbitado volumen de negocio que genera el juego por sí solo todas las temporadas.

En Ostende, el epicentro del mundo de la elegancia está representado por el casino. Su espléndido y voluminoso edificio se alza en el dique: a un lado y otro está flanqueado por hileras de elegantes casas residenciales y en la parte de atrás ofrece vistas al parque Leopold y a la ciudad. El distinguido público de Ostende se congrega en el salón grande para los conciertos de la tarde y la noche, sobre todo en el de la noche, cuando los caballeros solo tienen permitido presentarse con traje de etiqueta o de baile y las damas, de todas las nacionalidades, compiten entre sí con sus atuendos de gala y sus joyas: es entonces cuando el enorme salón se llena hasta el último asiento con los representantes más selectos del mundo distinguido, pero también del distinguido *demi monde*. A esas horas, Ostende ejerce un efecto verdaderamente deslumbrante incluso para quienes vienen de una gran ciudad. Tras el concierto se celebra a diario el baile, aunque en ese momento la mayoría de los asistentes se retira a los otros salones que ocupan la parte trasera del casino. En el primero de esos salones el juego es público y accesible para todo el mundo; desde luego, el volumen de dinero para el *rouge et noir* nunca es muy alto y las apuestas más ambiciosas permanecen fijadas en trescientos francos. El auténtico juego se da en los círculos privados, que conforman el mayor club de juego de Ostende y cuyo acceso se rige por un sistema de bola negra —no demasiado embarazoso, en cualquier caso— y una entrada de veinte francos. En estos salones se desarrollan esas escenas tan interesantes de las que por lo general, al día siguiente, todo el público de Ostende tiene conocimiento: la ruleta y el *rouge et noir* generan pérdidas y ganancias de muchos miles de francos. Ahí se congregan en plena hermandad los vestidos más fastuosos, llevados por princesas auténticas y princesas de variedades, pero también una nutrida representación de esas figuras internacionales de las que nadie sabe mucho, más allá de que han visitado todos los salones de juego del mundo y nunca van a faltar mientras sigan abriéndose este tipo de sitios. La imagen perdurará inalterable desde la mañana hasta que de nuevo lleguen las primeras horas de la mañana siguiente.

De entre las otras numerosas diversiones cabe destacar la Fiesta de las Flores, en la que compiten gusto, riqueza y hermosura a partes iguales. Esta temporada la fiesta ha variado ligeramente en comparación con los años anteriores, a saber: las flores solo pueden verse en calles cortadas que se visitan previo pago de una entrada. Como resultado, ha mermado mucho su esplendor de antaño, dado que antiguamente la ciudad entera participaba con sumo interés en esta batalla de confetis y flores que cubría casi todas las calles elegantes; ahora, sin embargo, el desfile de esas carrozas de ricos adornos ha ganado en intimidad, mientras que la batalla exhala mayor nobleza y adolece de los molestos excesos que en los últimos años habían impedido la participación del público más distinguido. En cualquier caso, la competición por la carroza más bonita y el balcón mejor decorado ha tenido unos resultados muy airosos.

Como es obvio, en Ostende tampoco falta el deporte. Las carreras de automóviles se alternan con regatas de veleros, carreras atléticas, tiros de pichón, carreras de galgos, y apenas pasa un día sin que se presente alguna oportunidad de jugar y apostar (en especial para los ingleses). Las más frecuentadas son las carreras de caballos, en las que los premios están estipulados en un valor total de cuatrocientos mil francos y que, sobre todo los días del Grand Prix d'Ostende, ofrecen una magnífica estampa en cuanto a la configuración del público: a las jornadas cruciales no solo asiste gente reclutada entre las filas de los huéspedes del balneario, sino también los *sportsmen* más distinguidos de la cercana Bruselas, de Londres y del mismísimo París. En esos días, cuando también procura asistir el rey, Ostende despliega todo su esplendor, unificando bajo su cetro los millones de las naciones más diversas acompañados por sus bellezas. La grandiosidad de estos momentos solo encuentra parangón en las veladas nocturnas, cuando el mar y el puerto comienzan a salir de la profunda oscuridad gracias al brillo de miles de luces de colores y atraviesan la noche los fuegos artificiales, alzándose con el dique reluciente al fondo, que la bombilla del faro ilumina de forma mágica.

Sin embargo, la mejor baza de la temporada la encarna el gran desfile de los oficiales a caballo, en el que se inscribe un abundante número de hombres procedentes de casi todos los ejércitos y que sin duda se cuenta entre los eventos más interesantes del año.

Luego llega septiembre y, con él, el lento difuminar de estos luminosos colores. Los hoteles cierran y Ostende, la ciudad, emerge poco a poco: los pescadores, que a duras penas subsisten capturando peces en el mar; el puerto, del que parten los barcos a Londres y a Holanda; y sobre todo la pobreza y la escasez, que tienden a pasarse por alto durante la temporada vacacional, nubladas por el brillo y el lujo. También el palacio de verano del rey Leopoldo de Bélgica (quien de buena gana ejerce en Ostende su querencia por la vida internacional de los baños estivales, mientras que en los meses de invierno hace lo propio en la Riviera francesa, y que durante la temporada pasada desplegó los honores de Ostende ante un muy exótico invitado, el sah de Persia) cierra sus puertas y persianas, igual que los hoteles, que solo tienen actividad en verano. Desde el mar del Norte sopla la fresca brisa otoñal. A continuación, siguen entre ocho y nueve meses tristes en los que todo queda como sumido en un pesado letargo, hasta que de nuevo comienza ese memorable juego de debilidades, pasiones y diversiones humanas que todos los años se dan cita para pasar la temporada en esta ciudad balneario belga.

1904
BRUJAS

Cuesta recorrer de noche las estrechas y cada vez más oscuras calles de esta ciudad de ensueño sin sumirse en una leve melancolía, en esa dulce nostalgia propia de los últimos días del otoño, cuando ya han pasado las ruidosas fiestas de las cosechas y solo queda el callado espectáculo de la lenta muerte voluntaria y el vigor que se va apagando. Llevado por la ola constante de las devotas campanadas nocturnas, uno se adentra poco a poco en este mar sin orilla de recuerdos insondables, que susurran aquí en cada puerta y en cada muro ajado. El peregrinar es despreocupado hasta que, de pronto, uno cobra plena consciencia de la dimensión de este espectáculo, en el que el caminar propio, cuidadoso y amortiguado, parece ser el elemento activo y vivo, mientras que los grandes poderes se alzan mudos, cual escenarios sombríos. Quizá ninguna otra ciudad haya sabido encarnar en símbolo con una fuerza tan imperativa como Brujas la tragedia de la muerte y de algo aún más terrible, lo moribundo. Lo moribundo se percibe en toda su plenitud en esos pseudoconventos que son los beguinajes, a los que van a morir muchas personas mayores; porque lo que de noche solo se adivina en los austeros contornos de las calles, en estos sitios se dibuja con miradas fatigadas, opacas, solo débilmente iluminadas por el reflejo de la vida: que hay una vida sin esperanza, sin horizonte al que mirar, hundida por completo en la indolente contemplación del pasado. Estas personas resultan inolvidables, observando impasibles la lánguida floración de los jardincitos de esos conventos, sin dirigirse con ninguna curiosidad al forastero. Del mismo modo, maravilla la imagen crepuscular de las vetustas y pasivas calles.

No obstante, lo raro es que aquí esa quietud no se da solo durante la noche, cuando queda entrelazada en los muchos sueños y recuerdos melancólicos de esas horas, sino que sobre estos viejos tejados con gabletes parece extenderse a perpetuidad un velo gris en el que queda atrapado todo lo ruidoso y escandaloso, como una sordina que reduce el bullicio a murmullo, el júbilo a sonrisa y el grito a suspiro. Es posible que, a la luz del mediodía, en las calles la vida no esté del todo extinta: carros y coches traquetean por el adoquinado, la gente se afana por ganarse el pan, cafés, restaurantes y bares se esfuerzan, incluso en gran número, por servir al bienestar terrenal, pero de todos modos no aparece una sola sonrisa en la ciudad ni en las personas. En ninguna parte se ve esa alegría pueblerina de las ciudades flamencas, el tropel de niños cantando y haciendo repiquetear sus zuecos detrás de los organillos, en ningún sitio brilla el colorido destello de los llamativos trajes regionales. Y siempre la misma amortiguación de los ruidos. Si uno sube la fría y oscura escalera de caracol del campanario (que se alza en la plaza del mercado con hombros anchos y cuello recio, como la estatua de Rolando en Bremen), levemente angustiado por la amortiguada oscuridad, ve entonces con un alegre sobresalto la luz que se vierte en colores brillantes, pero nota la falta de voces en el nítido círculo del aletargado trajín. De la ciudad, que se expande a lo largo y ancho, y de su encantador cinturón sube un rumor, un zumbido, indefinido y mágico como las campanas de Vineta sobre el mar dominical.[1] Y así, este colorido enjambre de tejados de ladrillo rojo, gabletes dentados y alféizares blancos y brillantes no parece otra cosa que un juguete dejado por una mano lánguida sobre un terreno verde. Deliciosa e inánime resulta esa composición de cartón que forman las casitas apiñadas y los conventos redondos, diestramente entremezclados con pequeñas parcelas de frondosos jardines verdes y amplias avenidas, que poco a poco conducen hacia un floreciente campo

1 Vineta es una mítica ciudad vikinga que aparece mencionada en algunos pasajes de las sagas nórdicas. Se ubicaba en alguna isla del Báltico y acabó por quedar sumergida bajo las aguas del mar por causas desconocidas, aunque según alguna leyenda la razón fue haber rechazado su bautismo. *(Todas las notas son de la traductora, que es asimismo la autora de las diferentes citas y referencias que aparecen recogidas y traducidas a lo largo del libro.)*

flamenco en el que se alzan ya los grandes molinos con sus aspas giratorias (requisito indispensable del paisaje holandés). Pero tampoco desde esta altura, que exalta el carácter juguetón y ornamental de la ciudad, puede pasarse por alto el gesto trágico que apunta a la muda tristeza de las calles: se trata de ese brazo extendido que busca el mar distante, el amplio canal por el que el puerto cegado con arena aspira a alcanzar la corriente bienhechora. A uno se le viene entonces a la cabeza la trágica historia de Brujas: la floreciente juventud, cuando todos los armadores tenían aquí su propio *kontor* y cientos de embarcaciones surcaban el puerto engalanadas de banderines, cuando los reyes se rebajaban a negociar con los escabinos y las reinas, llenas de secreta envidia, contemplaban los fastuosos vestidos de las mujeres de la ciudad. Y luego el lento declive: los muchos años de guerras, epidemias y conflictos y al fin el mar, con cuya retirada se marchó también lentamente toda la buena fortuna de los muros. Ese mar se extiende ahora a lo lejos, no es más que una franja plateada en el horizonte los días claros. En la ciudad misma los colores se desvanecen: solo los paños de los altares han conservado el brillo purpúreo de los pesados brocados; por lo demás, el hábito de las monjas se ha convertido también en el de la ciudad, en la que el alboroto del puerto y el clamor de las tabernas abarrotadas de gente han quedado para siempre en silencio. Súbitamente entiende uno el gesto de desprecio con el que esta ciudad —al igual que

Ypres, su hermana mayor— actuó como aislada de todas las demás que, bajo el signo de los nuevos tiempos, habían monopolizado el poder y los tributos de la cultura. Mientras que Amberes, Hamburgo, Bruselas y otras ciudades hermanas enarbolaron la bandera de la vida en los fragores de la batalla, Brujas se fue envolviendo cada vez más en el hábito oscuro de su aislamiento y se ciñó con fuerza la vieja faja de sus muros. Tras siglos de permanecer así de sombría y encorsetada, anclada por completo en el pasado, ha adquirido la actitud majestuosa y lóbrega de un gigante monacal que despierta nostalgia y al mismo tiempo impone un mayúsculo respeto, y que representa además lo maravilloso y atractivo que tiene esta ciudad.

La sensación de lo efímero e inestable, que aflige aquí a quien se siente ensombrecido por tan apabullante pasado, ha ejercido su influencia sin cesar y durante largo tiempo, hasta generar en las personas que habitan entre estos muros esa conciencia de dependencia sobre la que se basa toda religión. Las calles, con sus muchos monumentos a la vida desaparecida, instan a la humildad con demasiada vehemencia para permitir escapar a la fe a quienes han crecido con este anatema. Así pues, el prodigio aquí no tiene expresión en lo eterno, sino en Dios y en los símbolos de la Iglesia católica. En esta ciudad prevalece una creencia sombría, recia y austera como las propias iglesias, que se plantan ante Dios sin adorno alguno, con un rigor imperturbable, sin la típica ornamentación lúdica del pináculo gótico y la coqueta torrecilla. Misales e imágenes de santos decoran las tiendas, mientras que las campanadas hacen resonar casi sin cesar sus devotas llamadas a la oración. A cada instante, frailes y monjas se cruzan con saludos quedos y raudo caminar, estremecedores a primera vista cual mensajeros de la muerte, con sus prisas calladas y negras; sin embargo, cuando se acercan lentamente, pastoreando las largas filas de niños que tienen encomendados, pueden verse unos rostros serenos y plácidos bajo las tocas blancas o las sombras de los anchos sombreros, y entonces se entiende que solo la admonición de la grandeza y de la muerte crearía una severidad tan implacable y dibujaría una imagen tan amarga de la vida en sus rasgos. Y una y otra vez, los tañidos de las campanas, las formas de los santos sobre puentes silenciosos. No obstante, en la dura oscuridad de esta fe titila también una mística luz purpúrea: se trata de la fervorosa celebración de los grandes milagros, el efusivo afecto de la adoración a la Virgen María y esa suave poesía de las cosas sagradas que solo el ingenuo fervor de las personas sencillas es capaz de componer. Debe causar una infinita impresión presenciar el día en el que sacan de su capilla, en tono festivo, la urna cubierta de gemas que contiene las gotas de sangre del Redentor. La ciudad muda reluce con entusiasmo: es un día en el que toda esta gente, carente de sonrisas que dedicar a las cosas mundanas, estalla con una misericordia que provee de una enorme y silenciosa dicha. ¿Y no es encantador avanzar por estos caminos, todos con nombres tan tiernos y de tan dulce sonoridad, recorrer el incomparable Quai de Rosaire y pasar por las hermanas de la caridad, por Notre Dame, el beguinaje y el hospital, hasta llegar al Minnewater, ese Lago del Amor? Es este un estanque oscuro, quieto y silencioso, en cuyo margen descansa una torre redonda y lóbrega, como un guarda que hubiese fenecido. En el caudal negro parece reposar el cielo y nubes blancas deambulan arriba, como mensajeras del paraíso. ¡Cómo de festivo y grandioso ha de ser el amor para estas gentes, si han dado a este paisaje seráfico de ensueño un nombre tan maravilloso!

En general, cuesta concebir algo más tristemente hermoso que los canales de Brujas. Resulta conmovedor verlos y emocionan en su mutismo, surten su efecto sin el romanticismo locuaz de los canales de Venecia, que murmuran con el deslizar nocturno de las góndolas negras, con el brillo de dagas iluminadas por la luna, con tribunales clandestinos, puertas ocultas, serenatas solitarias (ese requisito tan trillado en las novelas de en torno a 1830). Hay un par de versos de George Rodenbach que alaban su belleza melancólica de manera tan perfecta que uno los recita lentamente para sí mientras camina, como si fuesen la melodía secreta de estas aguas negras envueltas en sombras. Se trata de la melancólica elegía «Au lieu des vaisseaux grands, qui agitaient en elles», unos versos suaves y dulces que han ligado la obra de Rodenbach tan estrechamente a Brujas que no se puede más que dar la razón al pintor que creó el retrato de este autor (expuesto en el Musée du Luxembourg) con este paisaje de ensueño al fondo.[2] Pero hay muchos otros libros, serios, ligeros, alegres, que también sería bonito leer en los bancos de estas orillas, a la sombra de los grandes castaños que, meditabundos, parecen contemplar su propia imagen en las aguas oscuras; y es que los canales no hablan ni murmuran, solo escuchan. Fielmente portan las imágenes de las casas, cuyos muros en ruinas y cubiertos de hiedra se apoyan en sus orillas, al tiempo que reflejan el triste brillo de los puentes arqueados y de las altas torres, pero no saben pronunciar siquiera el tímido chapoteo de las batientes ondas del agua. Silencio y más silencio. Son la oscuridad eterna, aunque en su espejo negro queda cautivo el cielo: adentran lo trascendente, lo sobrenatural y lo estelar en la ciudad del gris y del mutismo.

Y entre el vuelo de nubes de brillo reverberante se cuelan de tanto en tanto sigilosas filas de cisnes blancos, esas criaturas maravillosas y solemnes cuyo si-

2 Zweig hace aquí referencia al poema *Paysages de ville* (Paisajes de la ciudad) que el autor belga Georges Rodenbach (1855-1898) dedicó a Brujas. El verso citado, recogido hacia el final de la composición, es ligeramente distinto en el original: «Au lieu des vaisseaux vains qui s'agitaient en elles» (En lugar de los vanos navíos que se agitan en ellos). Por otro lado, el retrato al que se hace alusión es una reproducción del busto de Rodenbach creada por el pintor francés Lucien Lévy-Dhurmer (1865-1953).

lencio y muerte también esconden un milagro. Indescriptible es el efecto que provoca este deslizar ligero y severo en las aguas negras como la muerte: ningún poeta sabría crear una antítesis tan deslumbrante y aun así tan armónica como la que ha generado aquí la casualidad. Aunque también se le ha negado dicho mérito a la casualidad. Hay un par de leyendas que hablan sobre el origen de estos cisnes salvajes y silenciosos: según una de ellas, existirían para expiar el asesinato de un duque; según la otra, estaban destinados a recordar a las gentes de la ciudad, perdidas en continuas contiendas, el frívolo desperdicio de la fuerza de una vela al viento. Sin embargo, parece ser vano el esfuerzo por otorgar voluntad y sentido a esta belleza sobrecogedora y envolverla en la rugosa capa de la leyenda.

Y es que, en su ocaso, todo en esta ciudad de sueños y de muerte invoca el sentido mismo de la mística. Dado que Brujas ya tiene cierto elemento de desapego de la realidad, se tejen fácilmente románticas hiedras y poemas floridos en torno a sus destinos, que descansan en el regazo de siglos remotos. Y esta poesía, cuando trenza una forma viva, se torna en leyenda, y no pocas veces en una leyenda que, en su belleza, amenaza con mejorar la historia. Por su parte, esto ha dado lugar a una conmovedora leyenda sobre el mayor autor de la ciudad, Hans Memling, quien, con su devoto espíritu, no contempló otra cosa que convertir lo real en algo beato y dulce y reflejar lo inalcanzable en el anhelo que hacía temblar su alma. Pese a todos los desmentidos de la historia del arte, aquí se considera de recibo saber que Hans Memling, al volver de la batalla de Nancy herido de gravedad, encontró fieles cuidados en el hospital de Saint Jean y, en agradecimiento, creó las ilustres pinturas que se conservan —tesoro incomparable— en el viejo y ajado edificio.[3] Así pues, ligeramente abatido por la perpetua tristeza de las calles, seguí caminando en dirección a dichas estampas, para disfrutar de su encanto floreciente y de la sentida pureza del aroma primaveral, que en esta ciudad parece un imposible. Se encuentran todas juntas en una pequeña estancia —mucho más impresionantes en esta concentración que en la exposición dedicada a los primitivos flamencos—, como una fina franja tejida en el sombrío paño de esta ciudad.[4] Cuesta dar preferencia a alguno de los cuadros, ya sea a la Virgen que le tiende al niño Jesús una manzana en gesto encantadoramente serio, o al famosísimo relicario de altar que narra la historia de la santa Úrsula, con labios devotos aunque algo infantiles. El alma de este artista debió ser de una ternura plena; recuerda un poco al segundo heraldo de Brujas, George Roden-

3 La de Nancy fue una decisiva batalla de la Guerra de Borgoña. Tuvo lugar en enero de 1477 en la ciudad francesa de ese nombre y acabó con la anexión por parte de Luis XI de varios territorios borgoñeses.

4 Parece que Zweig podría referirse aquí a la exposición organizada en Brujas en 1902 sobre pintores primitivos flamencos.

bach, solo que menos consciente que él, un humilde adicto al amor celestial, repleto de visiones delicadas. ¿No sería quizá este el sentido de la leyenda: que esa delicadeza, herida por la vida, atravesara los muros de los conventos de la ciudad ya por entonces beata, para encontrar ahí su oculta prosperidad creativa?

Antes de regresar por las calles de la ciudad callada, que amenazaban ya a noche, me alejé de los cuadros un momento para contemplar el hospital en sí. Se llega a él por un patio angosto, entre figuras sagradas que parecen inclinarse. Hay pequeños lechos de flores delicadas, un poco marchitas. Desde los fríos pasillos pueden verse, tras las cortinas grises, las camas blancas de los enfermos dispuestas en filas muy juntas. Y aquí también ese pesado silencio. Monjas con tocas blancas pasan calladas. Pero en el jardín, afuera, hay un par de convalecientes ataviados con las ropas largas y grises del hospital, unas mujeres que descansan y un par de niños que juegan. Y en mitad de todo ello, manchas resplandecientes del sol que se pone. Los niños no eran muy ruidosos, aunque brincaban intentando darse caza, mientras los convalecientes los miraban maravillados, con esa ávida curiosidad que solo otorga la vida que despierta. Y al oír allí, tras las muchas horas de paseos callados, la nítida y argentina risa de unos niños me sentí como tocado por la dicha, pese a que resonara en esas paredes de muerte. Me inundó un leve miedo de regresar a aquella ciudad grande y fría como una tumba, cuyos símbolos me cercaban con una fuerza poderosa, y también una infinita compasión por las personas que aquí viven en la oscuridad y mueren en lo insondable. Raras veces he percibido de manera tan intensa la manida idea, presente en los libros de escuela, de que la muerte ha de ser algo muy triste y la vida, una fuerza infinita que incluso a los más reacios los mueve al amor.

1905
LA CIUDAD DE LOS PAPAS

En pocas ocasiones se tiene esta sensación con tanta intensidad, apremio e inmediatez como al ver Aviñón: aquí ha regido gente poderosa. En otras ciudades hay edificaciones soberbias, que a menudo son obra también de los planes de un antiguo regidor y de su figura misma, pero en ninguna parte se han manifestado las insignias del dominio absoluto con tanta vehemencia como en la ciudad de los papas. Esta ciudad provenzal, de lo más encantadora, se extiende indolente y apacible a las orillas del Ródano y de sus aguas azul oscuro, un paisaje maravilloso, agradable y de una belleza subyugante gracias a las bondades de la naturaleza. No obstante, por encima de estos tejados blancos que relucen y resplandecen a pleno sol, sobre ese mar blanco de rocío y espuma, se alza orgulloso y autoritario un peñasco colosal, unos muros contemplativos, fieros y altos: se trata del palacio, o mejor dicho, del castillo de los papas. La ciudad cuenta además con un estrecho cerco de murallas elevadas, como un enrejado de piedra, intactas aún hoy pese a las tormentas y las batallas. Por su parte, el amplio arco de piedra que se cierne sobre el Ródano, construido por el santo Benezet en 1177 y que los papas modelaron hasta convertirlo cuasi en una fortaleza, sí está resquebrajado, por lo que contempla la otra orilla desde la mitad del caudal con la mirada vacía. Se percibe con claridad la sensación de que estos muros indestructibles se crearon en tiempos de las batallas más cruentas: en tiempos de los tres papas, que no solo combatieron a base de excomuniones, sino también con armas y castillos; esa época de las grandes fuerzas de la naturaleza, cuya brutalidad nos traería más adelante, en el Renacimiento, y en armonía con lo artístico, las figuras más grandiosas de la historia.

Aviñón se ganó su importancia histórica en los tiempos en los que los papas, expulsados de Italia, buscaron un hogar en Francia. Durante aquellos cien años se levantó esta fortaleza colosal, imperativa por la precaria situación de los papas apátridas y siempre amenazada por nuevos enemigos, pero también por la ausencia de métodos defensivos naturales en esta ciudad dispuesta en llano. El cerco fue haciéndose cada vez más fuerte; las murallas, cada vez más altas y sólidas: un refugio inexpugnable, el bastión más seguro de la tiara. Luego, cuando los papas regresaron a Roma, anidaron los antipapas en este castillo de águilas; ya en el siglo XV Aviñón tomó por vez primera la forma de un episcopado pacífico de la Iglesia romana, y así se conservó hasta los sanguinarios días de la Revolución francesa. Sin embargo, pese a esos siglos de tranquilidad, Aviñón ha mantenido imperturbable el carácter de su pasado bélico.

Como en todas las ciudades grandes, también en esta la realidad se esfuerza mucho por desilusionar a las emociones sentidas ante los grandes monumentos históricos. La fortaleza de los papas es hoy un cuartel francés: por las trampillas se ven rostros sonrientes con sus quepis rojos, y unos reticentes oficiales comandan en los patios a hordas de reclutas. Pero aun así las dimensiones son demasiado imponentes para que se pierda la impresión de grandiosidad: las murallas de un metro de grosor, o las altas torres, desde cuyos tejados planos arrojaban a los prisioneros al inmenso abismo durante la Revolución. También causa una gran impresión, a su humilde modo, la iglesia de Notre-Dame, en mitad de la fortaleza, en cuya torre reluce una figura dorada de la santa Virgen increíblemente brillante, visible tierra adentro según el momento del día. Entre sus muros descansa la tumba de Juan XXII, un monumento de piedra blanca que se alza esbelto y delicado, sin inscripción ni imaginería. De la iglesia sale el camino que, por un jardín de hoja perenne, conduce a una amplia terraza desde donde se abarca todo el paisaje en flor con una sola mirada. Ahí uno entiende a la perfección el amor que le profesaban los papas a este lugar de residencia, a este castillo de hierro, en el que podían disfrutar tranquilamente de todos los encantos de una primavera meridional. Más abajo pasa fluyendo el caudal azul y amplio del Ródano, surcando con numerosos meandros el campo luminoso desde la distancia, hasta rodear la islita de Barthelasse justo delante del castillo. Allá reluce el torrente blanco de los tejados, mientras que las almenas de las torres de las iglesias saludan en gesto familiar: es una panorámica maravillosa, sobre todo gracias a los colores claros y puros y al azul del cielo. Desde la otra orilla del río, el fuerte de Saint-André lo observa todo, una construcción maciza del siglo XIV que domina la ciudad nueva a ese lado, igual que hace el castillo de los papas con la vieja Aviñón; en la distancia reluce la torre que servía para comunicar la ciudad vieja y el castillo papal mediante señales de fuego, y para protegerse así de los asaltos. Es imposible concebir nada mejor que esta panorámica en un día de primavera temprana, cuando aún los colores de los cultivos no se han fundido del todo con el verde puro de los jardines perennes y el paisaje se perfila con unas líneas marcadas sobre el cielo fresco y claro.

La ciudad guarda aún mucho que ofrecer: estampas muy diversas que siempre permiten captar con asombro renovado la belleza del paraje; iglesias viejas, como Saint-Pierre, Saint-Didier, Val de Benediction, que han conservado fielmente el estilo artístico de su época originaria (todas de principios de los siglos XIII y XIV, en la época del reinado papal), pero también la bonita imagen de una ciudad provenzal moderna, que se va escurriendo cada vez más entre los viejos monumentos. Aunque Aviñón todavía alberga un tierno recuerdo, si bien no exactamente entre sus muros: la famosa fuente de Vaucluse, inmortal gracias a esos dos grandes amantes, Laura y Petrarca. En Aviñón, en la iglesia, incluso está marcado el lugar en el que el poeta vio a su amada por vez primera; qué interesantes son asimismo los auténticos sitios históricos de su amor, donde Petrarca, el gran erudito, compuso un buen número de sus maravillosos sonetos. La fuente en sí no es muy remarcable, pero en cualquier caso su romanticismo no desmerece del todo respecto al de Petrarca, quien la hiciera memorable: situada en un valle verde de montaña, apretujada entre unas rocas, el agua brota de repente como una llamarada blanca, para luego bajar deslizándose en una ruidosa caída hacia el valle, clara y transparente, una auténtica fuente de frescor. Luego, el paseo regresa de vuelta a Aviñón por unos caminos blancos, pasando de belleza en belleza, desde el lugar de un gran amor hacia el campo provenzal, la patria de las tonadas más tiernas del amor cortés y los viajes de la poesía caballeresca, hacia la verdadera tierra de la primavera.

1905
ARLÉS

En realidad, Arlés es una auténtica ciudad de provincias, pequeña, intransitable, con calles estrechas y desiguales de una limpieza no precisamente excelsa: una de esas cosas que pintan muy agradables desde el vagón del tren —un juguete en la distancia, colorido y lindo—, para luego perder todo su encanto de cerca. Económicamente también su importancia es escasa: ya quisieron dejarla de lado cuando en su día dispusieron la red ferroviaria que atravesaba la Provenza; la mediación de unos cuantos poetas franceses logró que se implantara una conexión ferroviaria que otorgaba valor a los fantásticos tesoros históricos conservados en esta pequeña ciudad. Por su parte, Frédéric Mistral, célebre artífice del renacer de la poesía provenzal (muy citado ahora de nuevo desde la obtención del premio Nobel), fundó aquí por propia iniciativa un museo nacional, el Musée Arlésien, que en cierto modo habría de ser un epicentro de la actividad cultural provenzal. No obstante, los poetas han servido a esta ciudad en mayor medida alabando a sus mujeres: Mistral, Daudet y el compositor

Bizet han anunciado a todo el mundo la gracia de las arlesianas. Y así, el nombre de Arlés se conoce hoy en todo el mundo no menos de lo que se conocía antaño, en su época de esplendor, cuando era Arelate.

Lo dicho: callejones estrechos y sucios. Pero de repente se abre una plaza amplia y la mirada queda cautivada por una edificación fantástica. Se trata del anfiteatro romano, casi el mayor de la antigua Galia, con aforo para treinta mil espectadores, que surge con su enorme círculo, con la riqueza de sus fachadas y la copiosa decoración de sus ornamentos. Tan grandiosas son sus dimensiones que sus muros abarcaron en un tiempo la ciudad entera de Arlés (según muestra un grabado medieval); en 1825, por mor de la estética artística, se empezaron a derruir las casitas que se habían construido de maneras diversas con las piedras viejas y a recomponer lo que era el antiguo espacio (al igual que en la vecina Orange convirtieron el teatro antiguo en una arena moderna). De hecho, todavía hoy sirve a su viejo propósito y los domingos de verano se celebran corridas de toros con cierta periodicidad, aunque estas fiestas no son más que pobres sustitutas del esplendor que debía desplegarse antaño en este auditorio, a juzgar por la grandiosidad de la estructura. Y es que, en el siglo II, bajo el dominio del emperador Constantino (que tiene además en esta su ciudad natal) y sus sucesores, Arlés fue una de las capitales del Imperio romano que se expandía entonces por toda Europa. Aunque al mismo tiempo, en calidad de arzobispado, fue el epicentro de la Iglesia católica, que también dejaría tras de sí sus valiosos monumentos. Desde el periodo de las grandes migraciones en adelante, entró en una decadencia temporalmente interrumpida por breves épocas de esplendor, como la coronación de Carlos V, que se denominó a sí mismo rey de Arlés. Poco a poco, la ciudad se hundió en el olvido y solo la voz de los poetas ha despertado su nombre, si bien no necesariamente a la propia Arlés.

De la época del apogeo romano queda sobre todo el teatro, del que por desgracia solo se conservan unos pocos restos. Sus valiosos tesoros fueron saqueados, en especial la famosa Venus de Arlés, que en 1683 se entregó como regalo a Luis XIV y hoy es una de las esculturas más valiosas del Louvre. El Musée Lapidaire de Aviñón reúne unos cuantos hallazgos, aunque en realidad solo los disfrutarán arqueólogos cualificados.

No menos importantes son en cualquier caso los obsequios que dejó el papado en la ciudad durante los siglos XIII y XIV. En honor a san Trófimo —un misionero griego que, según cuenta la leyenda, fue enviado por el propio Pedro para convertir a los galos al cristianismo— se construyeron una iglesia y un monasterio artísticamente soberbio. Aquí la leyenda sigue tejiendo sus coloridos hilos: el lugar de la iglesia lo ocupaba un templo construido por el propio san Trófimo, el primero erigido en honor de la madre de Dios, y además en vida de esta. Se trata de una de las catedrales románicas más bonitas de la Provenza, espléndida en especial por el pórtico y solo comparable en labor arquitectónica con la iglesia de Saint-Gilles.[5] Por un breve tramo de escaleras se llega al monasterio, que causa una mayúscula y devota impresión con sus fríos pasillos abovedados y los amplios capiteles.

En cualquier caso, los lugares que otrora hicieron de Arlés una de las ciudades más famosas del mundo son los Aliscamps, los Campos Elíseos, la antigua necrópolis para todo el mundo cristiano. Originalmente, san Trófimo estuvo enterrado en este camposanto, y no tardó en extenderse la leyenda de los muchos milagros y fenómenos que emanaban de una tierra así consagrada, que tan solo por el contacto habría de proteger el cuerpo de los muertos ante cualquier influencia diabólica. De este modo, adquirir una parcela en los Aliscamps para cualquier ser querido que falleciese se convirtió de inmediato en una beata obligación para todo el occidente cristiano. Bastaba con dejar que el ataúd se deslizase por el Ródano para hacerlo llegar a su devoto destino, sin más compañía que la suma de dinero fijada. Príncipes, duques, obispos y ricos comerciantes se hicieron enterrar aquí, por miles se contaban las tumbas; Dante mencionaba la necrópolis en su *Divina commedia*,

5 Zweig se refiere aquí a la abadía de Saint-Gilles, cuyos orígenes se remontan al siglo VII y que está situada en el municipio francés del mismo nombre. Es Patrimonio de la Humanidad y forma parte del Camino de Santiago.

y también de ella habló Ariosto. Cuando trasladaron el cuerpo milagroso de san Trófimo a Marsella, este lugar de enterramiento perdió toda su relevancia. Hoy no se conserva más que un pasillo estrecho entre pastos crecidos, flanqueado a derecha e izquierda por sencillos féretros de piedra abiertos. Los sarcófagos valiosos, sobre todo los de los soberanos, los vendieron los arlesianos en el siglo XVII por un buen dinero; un par de barcos que Carlos IX hizo cargar con ataúdes se hundieron en el Ródano, y el resto de preciados féretros se encuentra en el Museo Barberini de Roma. Solo queda en pie la pequeña capilla, nada destacable.

El Museon Arlaten, fundado por Frédéric Mistral, busca crear un puente para salvar el amplio espacio de tiempo entre ese glorioso pasado y el presente.[6] Contiene cuadros, obras de artesanía y trajes de la auténtica Provenza medieval, recuerdos nacionales como la cuna de Mistral y muchas bonitas bagatelas. No obstante, el forastero no se preocupa tanto por ver las atracciones turísticas —si no es porque le interesen las piedras viejas más que la luminosa vida— como lo hace por admirar a las afamadas y guapas arlesianas. Y quizá experimente entonces una pequeña decepción. Porque la moda de París, o más bien los bazares baratos de provincias, ha acabado

6 Esta segunda vez, Zweig opta por mencionar a la manera occitana el nombre del museo fundado por Mistral.

por completo con el traje regional; de tanto en tanto sí se ve a una de esas figuras altas con su porte clásico, ligeramente mitigado por lo meridional, pero es inevitable molestarse un poco con los poetas por las expectativas no del todo cumplidas. En cualquier caso, era de esperar esta pequeña exageración, y es que si las mujeres de Arlés fuesen de verdad las más guapas del mundo entero, como cantan sus poetas, no se encontraría hoy el forastero como un huésped solitario: sería un peregrino entre una inefable multitud de curiosos visitantes.

1905
PRIMAVERA EN SEVILLA

Hay ciudades en las que nunca se está por primera vez. Aunque deambules por sus calles desconocidas, en todas partes hay señales como de recuerdos, ruidos como de voces familiares. Su rostro —porque las ciudades pueden ser como las personas, tristes y viejas, sonrientes y jóvenes, amenazantes y esbeltas, flexibles y ajadas— lo conoces ya de antes, por el de una ciudad hermana o un cuadro, un libro, una canción, un sueño. Y así es Sevilla. De algún modo resulta amable y familiar, y de golpe se le viene a uno a la cabeza el nombre de Salzburgo. Y no solo por Mozart que, llevado por la ágil figura de Fígaro, une estas dos ciudades lejanas con sus delicados rollos de partituras creando un vínculo de afectuoso goce. Ambas están hermanadas también en desarrollo y voz, en estilo y ademán. En las dos hay una fuerza poética tan intensa que lo provincial se torna encantador y apetecible en ellas, y la detestable cultura moderna de la calle no irrumpe de forma brusca, sino que se adapta suavemente a lo caduco. En las dos se puede hallar el carácter aristocrático antiguo:

esbeltas como pajes son las torres y las campanas suenan nítidas como frescas voces de niñas. Todo se oye con claridad por las calles luminosas. Ciudades así se acomodan en el verdor como una sonrisa, solo que en el sur la imagen es mucho más suave y lozana; por las calles, las palmeras conservan ramas verdes todo el año, y en la ciudad misma brota ampliamente la colorida plétora de una flora maravillosa, goteando por jardines y avenidas. La música, que impregna ambas ciudades, ha quedado destilada en Salzburgo dos, tres veces, dando lugar a grandiosas obras de arte, mientras que la tumba de Michael Haydn y la cuna de Mozart representan las cesuras en torno a las que oscila la vida ahí. En Sevilla, el sentido de lo musical no adquiere una forma perdurable, pero todos los callejones resuenan con música, más buena y más mala, y en el aire se oye siempre trinar una cancioncilla o rasguear una guitarra. Parece que la vida aquí sigue un ritmo más rápido y las personas tienen la sangre más viva; en ninguna parte hay más estómagos hambrientos que en Andalucía, y aun así Sevilla brilla con unos colores maravillosos, reluce de jolgorio y ondea con muchas banderas: aquí se puede ser muy feliz.

Pero ¿es este el carácter español? Sí y no. Porque España no es solo una entidad cartográfica, sino que está diseccionada por la realidad en dos extremos casi diagramáticos, que a su vez se diluyen en miles de contrastes particulares. También sigue viva la España de Pizarro y Torquemada y, por su parte, el espíritu sombrío y fanático de Castilla solo ha encontrado nuevas formas en las que desarrollar su carácter bárbaro y altivo. Porque no son guitarristas los que habitan las oscuras ciudades en decadencia del norte, como la gris Toledo que, cercada por murallas, se cierne amenazante desde las rocas entre las que fluye el Tajo furioso; son los monjes de antaño y los severos Grandes de España las personas en las que la tierra gris y baldía, con sus piedras rocosas, escarpadas y renuentes, ha adquirido una apariencia de vida. Pero solo una apariencia: algo de féretro tienen muchas de las ciudades más antiguas, algo de monacal muestran las personas que las habitan. Al pensar en Sevilla y en la alegre ola que la baña de jarana en torno a los días de carnaval, percibe uno con toda plenitud la grisura que se oculta en el norte de España incluso en los momentos festivos. En pleno corazón de Madrid, la ciudad de moda, surge la perversa exhortación. Como en nuestro Prater, el desfile de disfraces aquí se hace en el Buen Retiro;[7] pero ¿dónde están los movimientos fugaces y gráciles de los caballos, las pisadas nítidas, el trote penetrante? ¿Dónde están las coloridas imágenes de premura contenida? Anchos, pesados, con un avance como sonámbulo, pasan traqueteando los grandes vehícu-

7 El Prater es un famoso parque de Viena usado tradicionalmente para el ocio y el esparcimiento. Incluye, entre otras cosas, grandes zonas de paseo, una amplia avenida (la Hauptallee) y un espacio con diferentes atracciones, como la conocida noria de Viena.

los, unas carrozas tremendamente ceremoniosas, nobles y muy correctas. Sobre ellas, en pose congelada, los sirvientes engalanados, con ojos fanáticos como frailes de Zurbarán. Pesada cae la sombra del Escorial sobre los campos de Castilla y así, al llegar a Andalucía, uno siente como si se hubiese topado con el sol. En cientos de espejos se refleja ese contraste. Ahí está la España del *Don Carlos*, de *La judía de Toledo* y del *Torquemada* (de Víctor Hugo, este último), visiones rugientes de una belleza salvaje. ¿Y en Sevilla? De entrada, uno busca el alegre comercio de *El barbero* y ansía encontrar también, entre las muchas casas relucientes, aquella en la que Don Juan tuvo la aventura que Lord Byron narra en su poema épico con encantador detalle. Aquí Fígaro canta sus tonadas y se canturrea la Habanera de Carmen. El arte ha colocado todos los símbolos del regocijo en estas calles, por las que antaño cabalgó el ingenioso hidalgo Don Quijote de la Mancha a lomos de su dócil Rocinante.[8] Para llevarse un buen recuerdo, aquí no se compran dagas como en Toledo, sino guitarras y castañuelas. No es Sevilla un símbolo de España, pero sí de su sonrisa.

En esta ciudad, incluso la batalla se ha convertido en reconciliación. Quizá los moros, tras las enormes contiendas que duraron cinco siglos, hayan abando-

8 Pese a que fue Miguel de Cervantes y no el propio Quijote quien paseó durante un tiempo por las calles de Sevilla, Zweig decide ubicar en la ciudad andaluza algunas andanzas del personaje.

nado el sur de España —con ojos llorosos, como cuenta la leyenda—, pero su carácter aún se deja ver, sobre todo en la vida subrepticia. Su arte no se desprecia aquí como en Castilla, sino que se aprovecha, y su mayor obra, el arte de vivir, esa manera indolente, sensual y voluptuosa de disfrutar, ha hallado un equilibrio magnífico con el alegre estilo de vida de los andaluces. Cientos de edificaciones muestran dicha reconciliación: mezquitas convertidas en iglesias y la propia Giralda, ese esbelto y encantador minarete que hoy truena con devotas campanas destinadas a la catedral que se apiña en torno a él. Aunque lo más ingenioso es la fusión visible en las casas. Puede que sean de estilo morisco, bajas y austeras, con techos planos y un patio cuadrangular. Pero lo misterioso y oscuro queda en ellas envuelto en alegría. Ventanas y balcones atraviesan las paredes, que con los árabes eran siempre macizas, y dejan entrar la luz a las habitaciones. Luminosa y clara es también la capa de pintura, mientras que las puertas no permanecen recelosamente cerradas; se podrá ver el pasillo de entrada, repleto de lozas de colores y reluciente de alegría, y más allá el patio, en el que una fuente borbotea su espuma ligera sobre unas flores, enmarcada en palmeras y arbustos oscuros. Aquí ninguna casa es tan pobre para no tener flores; incluso en la antigua judería, donde se ubica la casa de Murillo, brillan los racimos de colores. De los balcones chorrean largas guirnaldas que llegan casi a la calle, mientras que las avenidas atraviesan toda la ciudad en hileras alegres, como si fuesen soldados coloridos. Una magnífica paleta de tonalidades se despliega aquí gracias a la verde ola que invade hasta los callejones más pobres, y gracias también a las luminosas flores que estallan por todas partes como chispas. Estas llegan incluso a prender —cual brasa en oscuro fogón— en el cabello de las muchachas: claveles y rosas rojas que se llevan con orgullo y se conservan con cariño.

Las propias mujeres albergan algo de la vida bella y efímera de las flores, por completo envueltas en ellas como van. De hecho, vistas de lejos se asemejan a veces a capullos, con sus vestidos deslumbrantes y el flameante manojo de la mantilla que lucen de manera tan inimitable. Y al admirar su cimbreante caminar, ese seductor mecimiento, ese baile subrepticio, uno piensa en el temblor de los pedúnculos, en el suave balanceo de los tallos cuando el viento los engatusa. De sus ojos parece emanar el tórrido resplandor del sol cuando, con un veloz rayo, rozan al curioso que las mira, pero (¡ay!) ya lo dijo Théophile Gautier: «Une jeune Andalouse regardera avec ses yeux passionnés une charrette qui passe, un chien qui court après sa queue».[9] Incluso en momentos de apatía dan la impresión de apasionadas,

9 La frase del autor francés Théophile Gautier (1811-1872) está sacada de su libro *Voyage en Espagne* (Viaje por España, 1843) y podría traducirse como: «Una joven andaluza mirará con ojos apasionados un carro que pase, un perro que se persiga la cola».

por virtud de ese brillo en los ojos y de la involuntaria sensualidad de sus movimientos. Y al igual que su hablar no se transforma en canto, sino que lo insinúa sin ningún esfuerzo ni trabajo, así sale espontáneamente el baile de sus gestos circulares, de su caminar bamboleante. Al presenciar un espectáculo flamenco en cualquier café humilde, entiende uno lo feos y mecánicos que son los gestos forzados del ballet de nuestros teatros, que se basan en un par de *lazzis* aprendidos y que, a lo sumo, pueden mejorarse con artificios. El baile aquí es lo que debe ser: una forma de arte, surgida casi automáticamente de los atractivos movimientos del cuerpo, de los gestos del deseo y de los estímulos rítmicos, no un arte de las piernas, sino un deleite con las líneas, las curvaturas, el despliegue de todas las posibilidades de las formas humanas de belleza. En estos bailes se utilizan todos los pequeños símbolos de la femineidad, los abanicos, la mantilla, el velo y sobre todo el vestido, que calca los movimientos, los amortigua y los curva. La mayoría de estas bailarinas tiene poca formación y en algunas los gestos iniciales, puramente maleables, son monótonos sin más. Pero entonces, con el repiqueteo de las castañuelas se despierta y se dispara la salvaje aunque nada lasciva sensualidad de este baile cíngaro, y en el fervor surge una fuerza tan fascinante que a uno la sangre le empieza a correr más rápido por las venas, como en un aturdimiento mágico, una música que embauca de forma similar a un viento penetrante, seco y cálido. Por su efecto humano, el baile aquí regresa a las filas del arte (mientras que entre nosotros permanece aún bajo la etiqueta del entretenimiento), se acerca más a nuestro sentir, porque va empapado de pasión y belleza, de puras manifestaciones de la vida humana y primitiva, y no de convencionalismos. Así, la melodía y el canto que suenan con estos bailes son solo algo accidental, carente de valor, versos un tanto monótonos, como los de las tonadas árabes de acompañamiento. Solo que a los andaluces les gusta afilar esas palabras con toques burlones y recalcar con intensidad el elemento amoroso. Y es que Sevilla sigue siendo todavía, en parte, la ciudad relajada de Don Juan, no ostentosa, pero sí fanática en su santidad, alegre, pero no estricta en su pudor. Hay una hermosa leyenda que lo dice todo a este respecto: sobre las puertas de la gran Fábrica de Tabacos, por las que a diario entran y salen cuatro mil trabajadoras, viejas y jóvenes, guapas y feas, hay un ángel de piedra, Fama, que porta una trompeta. Según cuenta la gente, si alguna vez cruzara la puerta una muchacha verdaderamente casta, esa trompeta tronaría. Hasta ahora eso no ha ocurrido, aunque el paciente ángel sostiene la trompeta desde hace ya ciento cincuenta años. No solo Fígaro, sino también Don Juan parece ser aquí inmortal.

No obstante, en esa sonrisa vital Sevilla oculta un pasado de lo más serio y grandioso. Quizá se hayan desvanecido un poco ya los colores, pero aún quedan las fiestas de Semana Santa, famosas en el mundo entero, con sus ostentosas procesiones y sus curiosas costumbres del siglo pasado. La vida moderna llega en leves oleadas: la antiquísima Torre del Oro de los moros contempla ahora a grandes navíos remontar las ligeras olas del amarillo Guadalquivir, y desde lo más alto de la Giralda, donde en otros tiempos el muecín llamaba a los fieles a la oración, aguarda una imagen insospechada para el espectador. Una ciudad luminosa, esparcida hasta adentrarse en el verdor, que reluce con el esplendor de sus maravillosos jardines, con una cadena de calles amplias que cuelga en la distancia. Apenas puede abarcarse con la vista. Ahora, cuando se despliega tan suntuosa la paleta de colores, entiende uno que Velázquez y Murillo sean hijos de esta ciudad y eternos heraldos de su belleza, y también que su historia la hayan proclamado las obras de Lope de Vega y que los músicos hayan cantado su alegría. Quizá pudiera nacer aquí el poeta que necesita el pueblo español, uno más alegre, libre, un sabio burlón como Cervantes, o bien un mago como los dos pintores de Sevilla, porque esta ciudad da mucho: el disfrute por la vida variopinta, el ritmo movido del devenir y el *allegro* de la jovialidad interior. ¿Por qué no iba a ocurrir algo así de milagroso en un lugar que es un milagro en sí mismo? «Quien no ha visto Sevilla no ha visto la maravilla»:[10] hasta el hartazgo se oye

10 Zweig cita esta frase directamente en castellano en el texto original.

aquí repetir esta orgullosa y noble máxima, que la ciudad se ha otorgado a sí misma, pero resulta imposible reprocharle a Sevilla su vanidad. Porque ¿no es maravilloso que los seres humanos y el destino de muchos años obren intencionadamente para construir una ciudad, y al cabo el rostro de la vida termine esbozando una sonrisa?

1906
HYDE PARK

El Hyde Park de Londres, quizá el más peculiar de todos los parques de grandes ciudades, no es bonito en sentido estricto. Carece de casi todo lo que convierte un jardín en una obra de arte. Es llano, humilde, un brezal inglés, solo dispuesto como un jardín en torno a los accesos, y solamente un poco. Sin embargo, su belleza reside no tanto en lo que es como en lo que tiene razón de ser. Hay por ejemplo un par de lugares en los que relajarse por completo. Está la pradera amplia que se curva hasta el infinito, ese estanque verde y calmo en cuya orilla los árboles, tocados por la ligera brisa, se mecen como barcos anclados, muy suavemente. A izquierda y derecha, un par de avenidas irregulares que no acaban en perspectiva, pues retroceden poco a poco hacia el gris escenario de la niebla. Un silencio que respira. Rara vez, de tanto en tanto, un par de personas. Apenas unos rebaños de borregos que pastan, que despluman la hierba mientras mastican. Durante un instante, uno se olvida de todo ante tamaña quietud a su alrededor. ¿Qué es esto? ¿El famosísimo brezal de

Luneburgo? ¿O Cornualles, la tierra oscura del caballero Tristán? ¿Se alzará de pronto el canto triste del pastor? Entonces, te aferras con ímpetu a la idea de que esas bolas grises de los márgenes, esas fronteras desdibujadas en la distancia, son edificios enormes, de que este brezal amplio y quieto está bordeado a izquierda y derecha por ciudades, todas ellas tan grandes como Milán, Lyon o Marsella. Por megalópolis incluidas todas en las dos sílabas de Londres. La visión febril que tiene Verhaeren de las *villes tentaculaires*, las ciudades que absorben el verdor del campo con sus brazos tentaculares y arrastran los brezales a la gelatina gris de sus masas de piedra, ese sueño salvaje, se ha hecho realidad aquí, en esta ciudad ciclópea.[11] Miles de barcos surcan mares perdidos en dirección a ella, millones de personas se afanan por ella, bajo tierra circula un tropel de vagones subterráneos, sobre los tejados abordan los trenes, todos los años salen edificios nuevos despedidos entre el verdor... Y en medio de todo eso descansa un amplio brezal, como dormido, con ovejas que balan,

11 Émile Verhaeren (1855-1916) fue un poeta belga de origen flamenco, uno de los fundadores del modernismo y autor (en lengua francesa) de una importante producción de poesía simbolista. En 1893 se publicó una primera recopilación de textos suyos, *Les Campagnes hallucinées* (Los campos alucinados), a la que seguiría en 1895 un segundo poemario, *Les Villes tentaculaires* (Las ciudades tentaculares). Ambas obras giran en torno a la temática de la expansión urbana y la consecuente transformación del espacio campestre.

un cielo calmo y tranquilo en sí mismo al que ya no llega la respiración jadeante de miles de personas. Como ocurre con la belleza de Londres, la de Hyde Park también reside en el inconcebible exceso de sus dimensiones.

No: Hyde Park no subyuga a primera vista. No va con el estilo inglés confiarse rápidamente al forastero, no es ese el carácter de su gente ni tampoco el de su paisaje. Al acercarse uno por vez primera con cariño, se ve dicha idiosincrasia oculta en la monótona humildad del brezal. La hierba tiene aquí una tonalidad sin parangón, suave, como de primavera temprana, y las hojas, menudas al abrirse, son de un resplandor radiante, como entretejido en plata. Además, este paisaje se sitúa bajo el cristal esmerilado del cielo inglés, que tiñe con suavidad todos los matices lumínicos y despliega el absoluto secretismo del claroscuro con su eterno juego de velos. El éter es aquí de un azul frío, casi plomizo, cuando no lo dominan las nubes, y la luz del sol no se asemeja al rayo blanco incandescente de Italia, que quema las piedras con tal estridencia que estas, sobresaltadas y cegadas, devuelven sus ascuas; aquí esa luz es solo un brillo débil y fluido, que queda rápidamente atrapado en la red cazamariposas de cualquier nube que pasa. Por su parte, la sombra no es fría, un refugio negro, un perfil afilado, sino un coágulo gris sobre la hierba. Gráficamente hablando, Hyde Park muestra en sus horas de luz los colores delicadamente suaves de los prerrafaelitas, para luego, con el poso de la tarde, hundirse en los místicos vapores de Eugène Carrière. Y también el aire —que, desganado, transporta por igual sonido, luz, colores y miradas inquisitivas— tiñe aquí de una extraña tonalidad esa atmósfera de Londres, pesada, repleta de sal marina, amarilleada por la niebla y teñida de gris por el humo de innumerables chimeneas. Dicha atmósfera encubre las formas, las redondea y las enturbia, hace que la distancia resulte incierta y curva prematuramente el cercano cielo en el ensombrecido contorno del horizonte. Entre los árboles, a mediodía, hace errar una sutil niebla azul como el humo rizado de un cigarro; y por las tardes lo oscurece todo un vapor ceniciento, y entonces Niflheim abre su siniestra puerta. Una nube gris se posa sobre la ciudad y el brezal, y provoca que durante largas semanas la gente se olvide de que en la cúpula celestial brilla un corro eterno de estrellas titilantes. Aunque a cambio, durante el día, esa nube dibuja maravillosas imágenes de humo en el horizonte de la vista: transfigurados por esta silueta de temblor gris, fábricas y bloques de viviendas engañan a quienes los miran (como los legendarios castillos del Santo Grial), cuando todos los matices de la penumbra atemperan las formas ásperas y desagradables de la realidad.

Sin embargo, nada de esto haría que el parque fuese digno de afecto. Pues esa belleza es solo la de las cosas que descansan libres y puras bajo el cielo y que, por así decirlo, están más cerca de sus fuentes secretas, por las que brotan luz y sombra, el oro del sol y el humo de la niebla. Esa es tan solo la belleza de un pedazo del brezal inglés. Pero precisamente: Hyde Park es un brezal ubicado en mitad de la ciudad, de ahí que este parque no sea tanto un espectáculo en sí como, en parte, el escenario sobre el que se desarrolla una vida particular, y en parte un patio de butacas para el sereno espectador. Su belleza más auténtica es la de las personas que le dan vida, esa maravillosa estirpe que no se entrega tanto al ligero encanto del donaire como a la emoción vigorosa, al deporte y al ocio. Y así como a los ingleses no se los llega a apreciar por la mera conversación, sino con el trato, la belleza de este parque no se aprecia con un paseo ligero, sino con todo lo que aquí se despliega, con las carreras, los saltos, las monturas, las barcas, los baños, los juegos: con su maravilloso y templado brío. Hyde Park ofrece una vida de la que disfrutar, toda la que no se desarrolla dentro de cuatro paredes. Y es que las calles londinenses están completamente tomadas por los negocios, sin dejar espacio a la exhibición del *flaneur*, a la aventurera holgazanería de la plácida autocomplacencia. Por este motivo, quienes ansían los placeres que entran por la vista o por el movimiento se refugian en el parque, que los acoge a todos con sus verdes brazos extendidos hasta el infinito. Y así, la variedad entra como un torrente en su tranquilidad de ensueño, pese a haber un compás común en todos los espectáculos: todos se celebran periódicamente, parece que siguen un horario laboral, día tras día, como si este fuese el *business*, el trabajo del parque.

Dicha vida da comienzo temprano. Muy temprano. A menudo todavía quedan cúmulos de neblina flotando en el cielo y los árboles lucen copos como hechos de algodón. Por ahí pasan zumbando un par de bicicletas hacia el estanque, que parece esperar terso y quieto, y muchachos, trabajadores y colegiales se reúnen en su orilla. Con rapidez salen las ropas, que caen tiradas en la arena, y los cuerpos desnudos se impulsan por el agua, adentrándose con vigorosas brazadas. Luego se precipitan a tumbarse sobre la hierba, practican gimnasia o boxeo, dejan que el sol se vierta sobre los cuerpos que brillan con el rocío, todo esto sin vigilancia ninguna, sin pagar nada, en plena y libre naturaleza, que en la distancia luce neblinosa como un bosque encantado. Es un momento maravilloso, en mitad de la naturaleza inmersa en una gran ciudad, uno de esos que cuesta encontrar en alguna otra parte: una estampa luminosa y memorable y una de las experiencias más bonitas que pueden vivirse en Londres. Seguidamente, sobre las ocho de la mañana, todo esto acaba y el baño al aire libre vuelve a estar prohibido hasta última hora de la tarde. Pero otras imágenes bonitas y animadas buscan con rapidez su marco en el parque que va despertando. Aparecen veloces los remeros, con los cuerpos que se doblan y se estiran de nuevo a ritmo rápido, botes estrechos sobre el lago que avanzan lanzados, como vibrando, una flecha silenciosa, solo el remo resuena al prensar periódicamente el agua con su reverso. Y luego los primeros jinetes, sobre esos magníficos caballos ingleses que estallan al galope por las avenidas, con las figuras humanas de la misma estirpe acerada que los animales, que aquí, voluptuosos y ebrios de su propia fuerza, truenan con la espuma salpicándoles hasta la grupa. Y así la mañana avanza rápido, hasta que el sol titila más cálido sobre el follaje, cuando una neblina iridiscente se vierte sobre el brezal. Luego llega esa hora tranquila que se posa sobre todos los jardines a mediodía, ese momento en el que solo el propio parque parece respirar con sus flores y sus hierbas, que ávidas se abren y extienden para beberse el sol. Las personas que esta hora congrega están todas mudas: holgazanes que se tumban en la hierba como frutos pesados caídos de los árboles, o un par de personas ociosas que se repantingan en los bancos a leer el periódico. Parece que todo queda a la espera de un momento de mayor envergadura. Y ese momento no se demora. Los niños que llegan en tropel a los prados después de comer, las muchachas que, mostrando un jovencísimo vigor, se lanzan unas a otras el balón con sus delicadas articulaciones, los muchachos que corren salvajes por los terrenos, los paseantes vespertinos con libros y cuadernos... Todo esto es solo un preludio. Hacia las cuatro de la tarde, procedente de Piccadilly, empieza a aparecer por el Hyde Park Corner la larga caravana de carruajes, esa ostentación de la riqueza, la elegancia y la belleza de Londres: uno de esos espectáculos que solo se dan en ciudades con una cultura muy enraizada, quizá únicamente en

Viena, en los días de mayo en el Prater, y en Madrid, en el Buen Retiro. Lo que aquí sorprende tanto es la abundancia y diversidad de los tipos de vehículos. Mientras que en Viena predomina el coche simón, elástico y ligero, y en Madrid, el pesado trote de los bueyes tirando de solemnes carrozas, en Londres circulan juntas formas de todo tipo, una estampa en extremo atractiva para el lego en la materia. Por ahí van unos pesados carruajes que parecen sacados de viejos grabados, sumamente desgarbados y ceremoniosos con sus lacayos empolvados, luego pasan vibrando unas motocicletas ligerísimas y en mitad de todo ello rugen los automóviles: todos los compases suenan a la vez, desde el paso contenido con el que parecen delirar los impetuosos caballos, hasta la rapidez con la que se entrecruzan en tromba los demás vehículos, y con la que un avezado deportista acelera entre las masas al ritmo de su trotón. En cualquier caso, resulta en especial cautivadora la curiosa talla del idiosincrásico *handsom* londinense que, con su flexible movimiento, leve y silencioso, y la figura del cochero que se inclina sobre su caja negra, recuerda al balanceo de las góndolas de Venecia. Se añade asimismo la abundancia de hermosas estampas humanas en belleza enmarcadas, quietas o en movimiento: las mujeres que observan reclinadas, los cocheros erguidos y rectos, las figuras como congeladas de los sirvientes, los niños curiosos y, alrededor de todos ellos, acoplado en sillas y formando un círculo enorme, el benévolo público para el que parece representarse este espectáculo. Una plétora siempre cambiante de esplendor, color y movimiento raudo, desordenada y en realidad nada bulliciosa, incesantemente agitada y en realidad nada ruidosa. Porque así es la particular energía de este país, que suaviza las tensiones más avivadas, que hace funcionar el enorme engranaje de la ciudad sobre los raíles del orden, que inspira la misma quietud presente en las grandes salas de máquinas, permitiendo con ello que, sin ruido ninguno, la fuerza más tremebunda se transforme sobre unas ruedas engrasadas. Pareciera como si aquí el carácter subyugado fuese hereditario, pues los propios niños —esos encantadores niños precozmente silenciosos— no muestran más que un mudo interés por los varios tipos de juegos que se desarrollan en el parque durante horas hasta que llega la noche. Aunque tampoco entonces descansa Hyde Park. Mientras que este torrente se va diluyendo poco a poco, en el otro extremo, junto a Marble Arch, se acumulan masas de otra naturaleza bien distinta. Se levantan ahí plataformas improvisadas, sobre las que todo el mundo tiene derecho a hablar de un tema, cualquiera que sea, y dado que en Inglaterra nunca han faltado sectarios, podrán verse figuras curiosas, a menudo desmoralizadas y cochambrosas, que exponen sus puntos de vista a cielo abierto ante una ávida audiencia. Tribunos del pueblo no elegidos, agitadores de las ideas más dispares, se dirigen como fanáticos, con la luz trémula de una vela y colocados sobre una banqueta improvisada, a la gente y a la oscuridad de más allá, que parece ya hundirse amenazadora desde las copas de los árboles. Asociaciones religiosas reúnen a creyentes y entonan cantos devotos, que resuenan sobre el brezal mortecino. Y de nuevo se eleva entonces la vida liberada del trabajo, para prender las ascuas con su sobrecalentada calidez, y revolotean palabras fervorosas, como los vehículos corren raudos entre el tumulto más allá, pasan y vuelven a perderse. En ese momento, cuando sobre el brezal se cierne el hilado de niebla y luz de luna, se oye otro zumbido más, el del final vespertino de todos los parques: el amor. Parejas entrelazadas se escurren en la oscuridad, tiemblan susurros procedentes de miles de escondrijos, las sombras parecen revivir y al pasar puede verse el juego a menudo audaz de las *ombres chinoises*. Con un acorde menor concluye así la sinuosa melodía.

De este modo vive el parque día tras día, de forma cíclica, como un hombre de negocios inglés que con sensatez cuenta y valora sus horas. Y al igual que todo hombre inglés, también el parque tiene su domingo, día en el que luce el traje de fiesta de ricos bordados y hecho de muchas personas. Tras la misa de la mañana, la alta sociedad de Inglaterra se pasea en su *churchparade* por la gran avenida que en otros momentos del día acoge la circulación de los coches; quien además guste de envolver rostros indiferentes en la cáscara de un nombre podrá pedirle a algún amigo bondadoso que le señale los posibles *earls* y *counts* que pasean arriba y abajo su nobleza, con pose de inquietante corrección y acompañados por la familia al completo. Ya hacia la tarde, las masas se cobijan en Hyde Park, que las atrae hasta sus puertas con un verdor florido y una música alegre. Sin embargo, lo que resulta tan distintivo de este parque es que da cabida a todas ellas, sin límite. No se genera ninguna aglomeración, no como en Berlín, donde el Grunewald se convierte en una única merienda conjunta, ni como en Viena, donde el Prater, llegado el momento de marchar, es una hueste de personas, una marea envuelta en una columna de polvo casi propia del Antiguo Testamento. Hyde Park fragmenta todo tipo de masas, de algún modo las desgaja. Yo mismo lo percibí en la gran manifestación de los trabajadores. En las calles se había formado un único pasillo infinito, una horda flotante de banderas, una humareda de luz roja, un caminar incesante, un torrente infinito. Y luego en el parque todo se diluyó formando un círculo a cuyo alrededor descansaban los amplios terrenos llanos, que no sabían nada de todo aquello y por donde los borregos pastaban tranquilamente en sus recintos. Porque eso es lo raro de este parque: que resulta muy confuso. Una parte no sabe nada de la otra. Incluso la gran avenida de Rotten Row da varias vueltas y avanza, no como las calles de nuestro Prater, que son todas vetas de tiza elegantes y perfiladas, límpidas entre el verdor. Hyde Park nunca puede abarcarse entero, nunca, y lo mismo ocurre con el propio Londres. No es posible hacer aquí como en París, donde uno baja desde la basílica del Sacré Cœur por Montmartre hacia los grandes bulevares, pasa por la Avenue de l'Opéra, llega al Sena, sigue hasta el Panteón o los jardines de Luxemburgo y dice que ya lo ha visto todo. Aquí nunca se absorbe la esencia de una sola vez, en Londres no, ni en Hyde Park. Hay que acostumbrarse poco a poco a las dimensiones y a la remota aglomeración, como le ocurre a Gulliver en el país de los gigantes con sus voluminosas dimensiones. Hyde Park da demasiado a todo el mundo y muy poco a cada cual.

Pero, principalmente, Hyde Park en realidad no da nada: allí hay que llevárselo todo. No es un parque en el que crezcan los sueños y en cuyos setos esperen recuerdos memorables como princesas misteriosas. Ningún poeta, creo yo, ha cantado sus grandezas, porque a ninguno le ha dado este parque nada de toda su abundancia. No es como esos parquecitos en los que cada hora queda escrita inolvidablemente en el libro de los recuerdos; no es como el coqueto parque de Monceau, que a los parisinos tanto les gusta llamar *parc des amoureux* y donde las blancas estatuillas de los poetas relucen agradecidas en mitad del profundo verdor, tan bien cuidado; ni como el pequeño *giardino Giusti* de Verona, en el que negros y colosales cipreses ocupan la mente entera cual pensamientos fúnebres; ni tampoco como ese jardincito luminoso de los papas situado sobre el castillo de Aviñón, en alto, donde cisnes salvajes reposan trémulos sobre un estanque azul y aguarda una memorable panorámica del campo provenzal. Hyde Park no regala ningún recuerdo, como lo hace el maravilloso paseo de olmos que conduce hacia la Alhambra, ni los sueños exóticos que entregan los jardines reales de Sevilla, y tampoco es como el vienés Schönbrunn un día soleado de septiembre, cuando las hojas doradas se vierten sobre los caminos y de algún modo el lugar recuerda a la leve alegría que reside incluso en lo marchito. No. Hyde Park no incita a soñar, sino a disfrutar de la vida, del deporte, de la elegancia, del movimiento al aire libre. Si sirviera solo para sueños apacibles y languidecientes sin ser además útil, hace mucho que lo hubiesen salpicado de casas, entretejido con tranvías y atravesado por estrépitos. Aquí solo se buscan sueños que se hagan realidad de inmediato. Y el verdadero sueño de Inglaterra no se llama Hyde Park. Sigue siendo Italia.

1914
AMBERES

Una vez y otra aparece el nombre de esta ciudad en las cartas y edictos de Napoleón: en la campaña española, en mitad de la batalla por Madrid, en Roma, en Alemania, en Rusia, a orillas del Ebro, del Moscova, del Danubio, entre las matanzas más sanguinarias, pero también en su palacio de Fontainebleau y en el de Saint-Cloud menciona el emperador con afán vehemente su creación preferida. Hay que mandar traer a trabajadores de los astilleros de Brest y Tolón, exige a sus generales, y ordena a los intendentes acumular armamento y construir polvorines, pues hay que crear allí una flota entera en dos años (plazo aun así demasiado largo para su impaciencia), para la que los bosques de Alemania suministrarán maderos y mástiles. Manda cavar dos balsas, además de trincheras que cubrirán todos los frentes: inexpugnable como Gibraltar ha de ser esta fortaleza, un castillo de asedio protegido por tierra y mar. El primer descanso entre la guerra austriaca y la española lo aprovecha Napoleón para ir a revisar su obra, y en abril de 1810 hace allí su entrada *—la joyeuse entrée—*

con la pompa de un gobernador oriental: aparece en un barco engalanado con banderines por el canal del Rupel, que une Bruselas y Amberes, y la nueva armada le da la bienvenida con cientos de salvas. Es esta una entrada de las que no se han visto en Amberes desde la que hizo Carlos V y que Makart exalta en su cuadro más famoso. Se botan barcos ante los ojos de Napoleón, que inspecciona las fortalezas y el astillero. Sobre él resuenan las campanas de las torres centenarias, mientras que la burguesía de Amberes, que agradece al genio de Napoleón una nueva riqueza y un inesperado resurgimiento, lo alaba como a un Dios.

Con esa mirada de astucia rauda, casi infalible, que en el campo de batalla captaba como un halcón el flanco débil del contrario, Napoleón se percató pronto de la importancia de este puerto del norte. Los ingleses le habían destruido la flota en Trafalgar y por entonces le bloqueaban el acceso al mar, del mismo modo que él les tenía a ellos capado el continente. En ninguna parte lograba echarles el guante a los que eran sus enemigos más peligrosos. Había procurado atinarles en sus centros neurálgicos, Egipto y Gibraltar, y en ambas ocasiones las armas se le escurrieron de las manos. Entonces forjó Napoleón esta ciudad para convertirla en un arma de asalto tremenda. Este puerto sublime, próximo al reino insular británico en caso de ataque y aun así físicamente ligado a la zona francófona, era el mejor nido para una flota capaz de lanzarse y retirarse con igual rapidez, y sublime también para empollar barcos nuevos. El río Escalda fluye aquí con ancho caudal hacia el mar, aunque más adelante está la isla de Walcheren, que amenaza a cualquier intruso con potentes baterías a izquierda y derecha, cual Escila y Caribdis. Hacia el interior, el campo flamenco destierra el peligro de la hambruna con su próspera abundancia de cereales y sus rebaños, que pastan hasta saciarse de hierbas salinas, mientras que los diques, fáciles de perforar en caso de asedio, permiten a la ciudad convertirse rápidamente en una isla acorazada. Este y ningún otro era para Napoleón el lugar ideal para poner patas arriba el mundo inglés. Así, con toda la pasión de su temperamento, endureció a lo largo de diez años esta ciudad comercial, muy desatendida por el gobierno austriaco, hasta convertirla en una terrible fortaleza que de hecho desafiaría un asalto inglés y, ante la gran caída del imperio, se mantendría como el úni co puerto extranjero en manos francesas hasta el día mismo del acuerdo de paz. Cual puño acorazado en alto, amenazaría al enemigo mortal, Inglaterra, y caería justo cuando Europa acercó sus tropas a las puertas del corazón de Francia: París.

En todo caso, a Napoleón le gusta Amberes en un sentido que va más allá de la percepción prosaica del estratega; el romántico que hay en él siente unas ansias constantes de poner su genio en analogía con los del pasado, busca asociar para siempre su nombre a la sublime tradición de esta ciudad. Venecia, Roma, Moscú, Constantinopla, todas esas ciudades, antaño capitales del imperio que en su momento dominaba el mundo, ejercen una extraña y por lo general desastrosa fascinación en el espíritu de Napoleón, que aspira permanentemente a pasar de lo sensorial a lo extrasensorial, a lo supersticioso en muchos casos. De Amberes lo seduce sobre todo su halo de lugar indomable, y es que en aquella época ningún asedio desde tiempos de Roma tenía tanto renombre como el de esta ciudad flamenca, del que Schiller nos ofrece un relato clásico que ejerce además un verdadero efecto dramático por todas sus peripecias (un texto de lectura encarecidamente recomendada en estos días para cualquiera; por suerte, las circunstancias azarosas de la época lo devuelven a uno a una obra maestra).[12] A él, el advenedizo, lo seduce el recuerdo de Carlos V, soberano de ambos mundos, que puso a desfilar aquí a su ejército; toda la fama de esta ilustre ciudad ha de prender de nuevo gracias a su nombre, ese es su velado deseo. Con su formidable vigor personal insufla Napoleón una vida nueva a esta ciudad exhausta y recaída en la indolencia, vuelve a encender en ella la llama agotada de la riqueza y del poder. Sin embargo, la forma rápida y meteórica de

12 Zweig habla aquí del texto «Merkwürdige Belagerung von Antwerpen in den Jahren 1584 und 1585» (Extraordinario asedio de Amberes en los años 1584 y 1585) de Friedrich Schiller, importante autor alemán, contemporáneo y colega de Goethe. Este relato del asedio de Amberes apareció por primera vez en 1795, repartido entre los números 4 y 5 de la revista literaria *Die Horen* (Las Horas), dirigida por el propio Schiller, que se estuvo publicando mensualmente hasta 1797.

su propio ascenso y posterior descenso solo le permite ver el principio de esta gloriosa regeneración, no su final.

Todavía hoy puede reconocerse en algunos monumentos el dominio del que Amberes disfrutó antaño sobre el mundo, como en la catedral, que se alza sobre la ciudad y el puerto y se remonta a los pomposos días de Carlos V y sus predecesores. En un momento dado Brujas y Gante empezaron a languidecer, al quedar cegados con arena sus puertos y desvanecerse así la riqueza. Pero Amberes, situada en el curso del Escalda, floreció hasta alcanzar una opulencia cuasi tropical. El maestro Rubens es, por así decirlo, un símbolo de esta vistosidad, pues consigue llevar al mundo gris y nublado del norte su exuberante deleite de colores, su abundante y bárbaro helenismo. Amberes pasa a convertirse para el norte en lo que Venecia es para el sur: de todas partes del mundo manan mercancías estrafalarias, esencias y telas, raras maderas y piedras, se exacerba el gusto por lo ostentoso, por probar lo exótico, y los pintores —Rubens en el norte, como lo harían Tiziano y Tintoretto en el sur— se regodean en los colores igual que sus compatriotas en los bienes vívidos. Mientras que en ciudades sobrias y protestantes, como Ámsterdam y Londres, y en las honradas ciudades hanseáticas el dinero solo se amontona, en Amberes fluye sin cesar, brilla a modo de joyas en las mujeres, se amasa en rarezas y pinturas, adquiere la forma de costosos libros a manos del maestro Plantino.[13] La «nueva Cartago», como con orgullo la llaman quienes la tienen como patria, no busca dominio mundial y fama como Venecia, sino que impulsa diligente su comercio y disfruta de los beneficios: se terminará convirtiendo en una ciudad con alegría de vivir y solo caerá junto a ella bajo la guillotina de la Inquisición.

De esa época, de los días de Rubens, data la auténtica grandeza de Amberes, grandeza que luego volvería a llegar con nuestra época. Las ciudades, también las vivas, se construyen siempre en capas superpuestas, como muestra la Troya descubierta por Schliemann casi a modo de autopsia. Pese a sepultar constantemente su propio pasado, lo más prodigioso de cada época siempre permanece y, en cierto modo, logra penetrar dicha regeneración sin sufrir mutilaciones. Amberes ha tenido que dar una forma nueva y renovada a su esplendor de antaño y a su prosperidad. Tras las devastaciones de los españoles y la indiferencia de la regencia austriaca, de su antigua estructura no le quedó nada más que la animada veta de su vida misma, el Escalda, cuyo caudal hoy, como hace cien años, surcan los barcos y se pierde en la distancia, y también esa espada alargada de

13 Christoffel Plantijn (1520-1589), o Cristóbal Plantino, fue un famoso editor e impresor flamenco que tuvo una importante imprenta en Amberes, la Officina Plantiniana, convertida ahora en un museo dedicado a la actividad del propio Plantino y de Jan Moretus, su yerno, que heredó el negocio.

Dios, la catedral, que se alza al cielo con una delicada hoja desde su espléndido mango compacto. Se conservan otro par de iglesias, el ayuntamiento de Cornelius van Vriendt y el castillo Steen, pero la maraña de casas bajas de madera quedó hace mucho hendida por unas calles amplias e impetuosas. La nueva prosperidad demanda espacio y admiración: orgullosas y plácidas en su seguro esplendor se levantan en la calle Meir las casas de los ricos comerciantes, e inaccesibles y solo iluminadas por el verde de sus jardines están las villas a orillas del Escalda. Amberes ya no tiene más estilo que su riqueza. Teatros y exposiciones evidencian con cierta claridad que el aprecio por el arte no se ha extinguido del todo en la ciudad natal de Peter Paul Rubens, mientras que si se mira por alguna ventana de los barrios de los marineros, hacia las afueras, a menudo se verán estampas propias de las pinturas costumbristas de Jan Steen y Terborch. No obstante, eso son solo sombras y luces reflejadas del pasado. La vieja sensualidad flamenca se perdió hace mucho aquí en pos de lo cosmopolita, no como en Bruselas o Lieja, donde, pese a las grandes dimensiones, se perciben aún la estrechez y el apocamiento de una ciudad de provincias. En Amberes el mar trae los vientos mundanos. Nada se queda estancado en el aire. En la vida, en las calles, en el caminar incesante de la gente, en ese remolino perpetuo de la Bolsa —el embudo gigante que engulle toda actividad con un salvaje estruendo— se percibe una intencionalidad que va más allá de los asuntos del día y del momento. Solo en Hamburgo, quizá, se deje sentir Norteamérica con tanta intensidad como lo hace en Amberes y en sus negocios [¡!], y puede no ser casual que se oiga tanto alemán por las calles. De forma subrepticia, los comerciantes alemanes tomaron posesión de este emporio, al entrar por los canales del comercio mucho antes de atravesar las fronteras: han conquistado ya calles enteras y con sus carteles en alemán empiezan a abrirse camino hacia el puerto, que tienen rodeado con sus muelles y *kontores*.

Ahí, a orillas del Escalda, se hace uno consciente de las dimensiones de Amberes. Una hora antes se habrá visto este hermoso caudal atravesar con tranquilidad el verdor, pasar por Bornem y Sint-Amands, por pueblecitos encantadores, reflejando nubes blancas, transportando barcas de flores y barcazas planas, ser casi una pradera entre praderas, una de color azul que se transforma plácidamente. Y de golpe, nada más enfilar el puerto, queda cubierto por un bosque de mástiles, en su caudal profundizan miles de rugidos y gritos, ni la noche ni el día conocen descanso, los grandes barcos de vapor norteamericanos llegan hasta sus orillas, pequeñas lanchas motoras atraviesan ruidosas sus aguas. Es como si unos inmensos enjambres de abejas entraran y saliesen zumbando por los panales de los muelles, donde se les retira de las alas el preciado néctar de las mercancías. Las grúas gimen de placer al introducir sus dedos en los barcos y extraer de la oscuridad los tesoros llegados de lugares remotos, a cada tanto resuenan bocinas desde la orilla, tañen grandes campanas que recuerdan a los emigrantes la urgencia de intercambiar un último adiós, suenan aquí juntas todas las lenguas de la Tierra. Y de pronto, uno entiende el sentido de esta ciudad, demasiado grande para un país tan pequeño: ha de servir a toda Europa, a todo el continente. En vano ha vuelto a monopolizar el dominio mundial de antaño solo para sí misma y para su propio beneficio, no para una nación y para un pueblo. Es verdaderamente la «nueva Cartago», el puerto de comerciantes y señores mercaderes, no la puerta del sur de un imperio como Marsella, ni tampoco el deseo de expansión mundial de un pueblo como Hamburgo. Apátrida desde hace cientos de años, al cabo ocupada por los españoles, poco después por los holandeses y luego también por austriacos y franceses, Amberes se hizo cosmopolita hace mucho tiempo: la plaza más fuerte y eficaz para conseguir el botín, que obtendría bien por la superioridad de su poder comercial o con sus armas. Siempre ha madurado por cuenta de otros, de Carlos V, de Napoleón, siempre los más fuertes del momento. Por última vez, la vieja ciudad está viviendo hoy la tragedia de resistir frente a lo inevitable, y ahora se pueden aplicar a Alemania las palabras con las que Schiller iniciaba su famosa narración sobre el asedio de Amberes: «Es un espectáculo interesante contemplar la batalla entre el espíritu del ingenio humano y un elemento poderoso, y ver cómo se vencen unos obstáculos insalvables con habilidades comunes, gracias a la sensatez, a la determinación y a una voluntad férrea».

1918
NECROLÓGICA DE UN HOTEL

Voy a permitirme el lujo de... no, no me lo voy a permitir... el lujo de plantear una objeción contra la decisión de la ciudad de Zúrich de adquirir el antiguo y famoso hotel Schwert y convertirlo en una oficina de impuestos. Plantear eso yo, un extranjero... cómo me lo voy a permitir. Pero una cosa sí hay que decirla: es una pena. Y es que su solera no tenía parangón en Suiza, ni en el resto de Europa si apuramos. Con ello se desvanece de golpe un hilo conectivo que se había extendido inquebrantable durante siglos hasta remontarse a los orígenes mismos de la ciudad: un hermoso estandarte de la perseverancia en el tiempo queda destruido para siempre. Con este tipo de edificios desaparece buena parte del alma de una ciudad, y lo que una generación sacrifica sin ningún reparo para la siguiente resulta doloroso: aún recuerdo cuando un día llegaron a Viena los trabajadores con sus palas y empezaron a demoler la casa en la que falleció Beethoven, en la Schwarzspanierstraße. En su momento, aquello apenas llamó la atención, pero hoy quien pasa junto al informe bloque de apartamentos que se levanta en su lugar no puede evitar apretar el puño disimuladamente. Si fuese posible recuperar esta casa con dinero, se recaudarían millones para hacerlo. «La pérdida es lo que primero nos muestra el auténtico valor.»[14]

El viejo hotel Schwert sigue en su sitio. No van a sustituir sus piedras por otras, pero aun así se le ha arrebatado algo irrecuperable: su esencia. Su esencia y su prestigio, porque fue el alojamiento más antiguo de la ciudad, hogar durante siete siglos de innumerables personas distinguidas, y porque se ha quebrado una cadena que quizá se habría mantenido entrelazada durante mucho tiempo aún. Con cada día que pasara se haría más venerable, con cada año, más prestigioso, y uno lo habría apreciado todavía más por lo invisible a los ojos, por esa aura de singularidad y veneración que emanaba de su ser; lo habría apreciado igual que a ese escaso par de hoteles vetustos que hay en Europa —el Elefanten de Weimar, el Kaiserkrone de Bolzano, el hotel Voltaire de París, por mencionar solo unos pocos— y que pertenecen ya

14 La frase que recoge Zweig —«erst der Verlust erweist den wahren Wert»— es una variante del aforismo de Arthur Schopenhauer: «Meistens belehrt uns erst der Verlust über den Wert der Dinge» (Las más de las veces, la pérdida es lo que primero nos enseña el valor de las cosas). La sentencia apareció originalmente en 1851, en la obra del filósofo alemán *Aphorismen zur Lebensweisheit* (Aforismos sobre sabiduría de vida) y terminó integrándose en la sabiduría popular, formulada de maneras distintas.

al patrimonio compartido de nuestro mundo. Esta opinión no es universal, claro. Mucha gente concede más importancia a una buena calefacción central y a las comodidades típicas norteamericanas que a los recuerdos, pero —sin caer en sentimentalismos— todo el que sintiera un mínimo aprecio por la cultura histórica reconocía en este edificio la autoridad de la tradición, recia y solemne. ¿Quién no ha pasado por estas habitaciones en los siete siglos de su existencia? Emperadores y reyes, príncipes electores y margraves... Y pese a todo la esencia del lugar no es tan importante por ellos como por el hecho de que allí se alojara el joven Mozart, recién llegado de París; de que Goethe residió un tiempo en él y algunas de sus obras más relevantes tienen su patria terrenal en sus habitaciones; de que Casanova vivió ahí esa encantadora aventura referida en sus memorias; de que Cagliostro se ocultó en este sitio bajo un nombre falso, mientras que Fichte fue preceptor del hospedero y Madame de Staël paró también en el Schwert camino de Viena, acompañada por August Wilhelm von Schlegel. ¿Quién se alojó en este hotel? ¿Quién no? Resultaba tan obvio para los forasteros que iban a Zúrich alojarse ahí que los cocheros apenas preguntaban y directamente conducían los carros entre traqueteos por las estrechas calles hasta el puente sobre el Limago. Estas habitaciones son el registro no escrito de los extranjeros llegados a la ciudad durante siete siglos. En ellas pernoctaba todo el que en su momento tuviese cierta posición.

En el siglo XIX, cuando los coches correo se convirtieron en trenes y las posadas pasaron a ser hoteles, esta antiquísima morada entró sin duda en decadencia. El Baur au Lac, que durante unas décadas había ejercido como primer hotel de lujo en Europa, le arrebató entonces todo el prestigio. El viejo hotel Schwert, apretujado entre la calle y el río, no podía ampliarse, era imposible convertir su estrecha escalera en un pomposo vestíbulo, así que se quedó atrás. Pero precisamente porque permaneció como estaba, porque no corrió al ritmo de los nuevos tiempos, que año a año se superaban innovando en lujos, adquirió un encanto diferente, el encanto de lo anticuado. Se le tenía el mismo aprecio que a un mueble viejo, que a unos libros en folio de algún antepasado, se lo apreciaba con esa leve emoción con la que se atesoran cosas ajadas y que la razón no logra explicar del todo. Cuántas veces no sentirá uno ese mismo anhelo misterioso al pasar por un viejo callejón, delante de un castillo antiguo: me gustaría vivir aquí. Quizá sea solo por la sensación de futilidad de tal deseo, o por los recuerdos profundamente enraizados de nuestros ancestros que se nos han legado en la sangre y que, sin ser nosotros conscientes, añoran en nuestro interior esos lugares como si fuesen su hogar. El hotel Schwert sí satisfacía este deseo, irrealizable en el resto de ocasiones. Así ocurrió que, en tiempos de guerra, y atraídos unos por otros, casi todos los artistas extranjeros se alojaron en este hotel sin darse cita previamente. Como toda reputación que se precie, tampoco esta nació con reclamos publicitarios, sino con el boca a boca producto del aprecio. De haberse presentado en carteles públicos como «famoso», igual que el Ratskeller de Bremen o el Torggelstube de Bolzano, de haberse leído por doquier que «aquí se alojaron Goethe, Mozart, el emperador José, etcétera», uno habría sentido cierta desazón ante la idea de hospedarse en una casa de las curiosidades (casi el mismo motivo por el que se rehúye el hotel «para grandes hombres» en París).[15] Pero en el Schwert se estableció un acuerdo tácito, una masonería literaria.

Desde luego, uno no se alojaba ahí solo por mor de esa aura, de ninguna manera, cómo iba a ser así, sino porque este difunto hotel era bonito y habitable en un modo absolutamente especial. Siguiendo el modelo de posada de nuestros antepasados, no era un *chef de reception* quien llevaba las riendas, sino el dueño mismo del lugar. Siempre despertaba ternura ver al agradable señor Jölden ir de mesa en mesa, con su pelo cano y su boina, y a su mujer, su hija y su hijo, que colaboraban a diario con él, lo que le evitaba a

15 Zweig se refiere al hotel Des Grandes Hommes, situado frente al Panteón en París, en un edificio que data del s. XVIII y que en su momento acogió a grandes figuras de la intelectualidad. En 1919, André Breton escribiría aquí junto a Philippe Soupault *Les champs magnetiques* (Los campos magnéticos), texto fundacional del surrealismo. Este fragmento sobre el hotel Schwert lo escribió Zweig en 1918.

uno la desagradable impresión de sentirse un extraño. El lugar no era exactamente lujoso, y es que esta vieja casa ofrecía una misteriosa resistencia interior frente a todas las innovaciones técnicas, como si la tradición reaccionase contra los nuevos tiempos: el ascensor permanecía parado de buena gana, la calefacción central crepitaba más que caldear y el teléfono no dejó nunca de ser un renuente cuerpo extraño en los muros caducos. Pero qué bien se estaba en el luminoso comedor, al que se accedía por unas pesadas y espléndidas puertas de madera; era como acoplarse en la cubierta acristalada de un gran barco de vapor: a la derecha, por delante y por detrás, todo era agua, el Limago, y más allá surgía el lago con los delicados contornos de las montañas. Sobre el puente, el Gemüsebrücke, brillaban flores de colores intensos, las torres de la catedral saludaban a lo lejos e instintivamente uno se sentía en el corazón de la ciudad. Y esto es crucial para que un forastero experimente la cultura de un lugar: que desde el núcleo mismo de un paraje pueda percibir la esencia y la savia del emplazamiento, o que desde fuera, desde cierta altura, abarque todo el territorio con la mirada. En el Schwert ocurrían ambas cosas. Había algunas habitaciones en la última planta en las que estabas en pleno Zúrich y al mismo tiempo por encima, en las que veías la ciudad ascender desde su corazón y luego perderse en los montes y el lago, en la distancia. A veces, daba la impresión de que todo Zúrich estuviese dispuesto y construido en torno a este edificio, una demostración de cuán a conciencia se había plantado esta posada en mitad del paisaje.

En su época, como en cualquier otro momento y lugar, se vivieron ahí horas de luz y de oscuridad. Uno se alegraba en secreto con la idea de regresar transcurridos unos años, en tiempos de paz, para disfrutar de ese pasado con más intensidad y belleza gracias al recuerdo, y se repetía: «Volverás a alojarte allí innumerables veces». Y todos teníamos una misma e intensa sensación: esta casa que vivió tanto tiempo antes que nosotros nos sobrevivirá con la determinación que la caracteriza, somos solo un nombre en este libro de visitas habitado, hecho de madera y piedra y con tantos siglos de antigüedad. Sin embargo, a la guerra no le gustan las predicciones. La guerra es un apasionado destructor que aplasta también lo inmaterial, las expectativas y las esperanzas. Pulveriza las tradiciones con su suela de hierro, y al igual que le arrebató a Berlín el único hotel bonito y grande que conservaba de la época previa a las fanfarronerías, el Kaiserhof; y al igual que le quitó a Frankfurt el Shwan, en el que se firmó la paz entre Alemania y Francia, así le arrebata también a Zúrich su posada más antigua. Al regresar ahora, en vez del amable recibimiento de siempre, encontraremos una inscripción menos agradable: «Oficina de impuestos», un edificio al que incluso ciudadanos mejores que yo acceden con reticencias. En la habitación en la que se hospedó el joven Mozart, ese símbolo de la sonora ligereza de la vida, alguien estará hojeando unos pesados fardos; en los aposentos de Goethe hará su trabajo un austero inspector; y en el salón, donde antaño Casanova se disfrazó de camarero y se mostró demasiado entregado a sus hermosas damas, se someterá a los ciudadanos a unas estrictas inquisiciones. Solo permanecerá vivo el espíritu de Cagliostro, el gran alquimista, aunque sus artes —vaciar y llenar las arcas— se practicarán mediante un aburrido juego numérico y no con su desenfadado embaucamiento. Quizá este edificio vaya a aportar mucho dinero a la ciudad de Zúrich, destinado como está a estructurar la preciada presión de la comunidad sobre el individuo, pero ningún dinero podrá suplir lo que se ha perdido: una parte del alma de esta ciudad, un valioso fragmento de tradición. Puede que nosotros, los extranjeros, percibamos con más intensidad el encantamiento obrado por esta transformación material; nosotros, que no tenemos derecho a ponerle objeción alguna, pero que tampoco queremos acallar la lástima por ello, expresada con una breve palabra que en realidad es un suspiro. La palabra «pena».

1921
VOLVER A VER ITALIA

Para nosotros, que conocimos el mundo europeo como una entidad viva en la que las fronteras flotaban solapándose indistinguibles en ligero movimiento, volver a ver otro país se convirtió hace mucho tiempo —y quizá para siempre— en una continua comparación entre pasado y presente. En lo que ahora existe buscamos siempre lo que antaño fue, lo hacemos así en todas partes, igual que en nuestro propio país. La impresión dejada por el presente nos lleva a preguntarnos sin cesar por la del pasado, observar se torna recordar y el recuerdo a su vez permite percibir la transformación, la enorme transformación, en la que también nosotros mismos nos vemos cambiados. Y al igual que en el extranjero hacemos inconscientemente y sin parar conversiones para entender las caídas y fluctuaciones en el valor monetario de todas las cosas, así también medimos los valores más elevados de dicha transformación según la tensión de nuestras sensaciones. Puede que nuestra generación al completo, testigo como ha sido de una transición, tenga negado por siempre volver a plantarse ante el mundo con una mirada libre e ingenua; nuestro destino no es otro ya que basar nuestro sentir en comparaciones y recuerdos, añadir la nítida sombra de un tiempo pasado a la imagen presente, oscurecida, e incorporar la impresión dejada por la experiencia de antaño a la percibida con el sentido de la vista.

Así, durante las primeras horas en Italia, una curiosidad interior pregunta lo mismo una y otra vez (también lo pregunta, lo sé, en miles de personas que permanecen enclaustradas en nuestro menudo país): «¿Qué ha cambiado aquí en estos años?». Calmada y plena de alegría, una constatación responde, cada vez más segura: «No mucho». Sobre todo, nada de lo verdaderamente importante. La naturaleza siente las convulsiones más frenéticas de la humanidad de manera no muy diferente a como Gulliver notaba las flechas de los enanos en Liliput, de manera no muy distinta al pinchazo de una aguja. Para ella, la edad de un pueblo es solo una hora, una guerra apenas dura un segundo. Todo lo importante permanece aquí como antaño, solo que quizá lo vivamos con mayor intensidad al haber estado privados de ello tanto tiempo: intacta titila la puntiaguda estructura blanca de la catedral de Milán en el cielo; en viejo esplendor se escalonan los palacios de Génova y la escalera más espléndida del mundo baja a un mar espumoso; la Toscana florece con su primavera eterna a lo largo del tiempo, y Venecia sueña su colorido sueño. Ni siquiera allí donde la guerra dejó un par de pequeñas cicatrices, en la acribillada Riva, al pie de las montañas fortificadas, en las personas mismas, queda ya ningún recuerdo hostil, o al menos ninguno de odio. El pueblo es el mismo que antaño, pleno de esa vitalidad jovial que en ellos parece convertir el trabajo en juego: no se percibe nada del quejoso carácter hosco que nos hace la vida tan insufrible a nosotros, e incluso la lucha social que revuelve el país entero como un volcán guarda en su propia batalla una cierta satisfacción por lo bélico, un coraje vital y sincero. Nunca como ahora —cuando en todas partes se percibe una alta tensión incluso en el plano intelectual— he notado con mayor intensidad, al llegar allí procedente de Austria, la vitalidad de Italia y su energía, inalterable pese a todas las crisis.

Italia no ha cambiado, ni tampoco los italianos. De hecho, el par de aspectos surgidos a la superficie (desde luego insustanciales, en última instancia), como el aumento del coste de la vida o las dificultades de abastecimiento no del todo remediadas, y que se perciben como consecuencia de la guerra, son características presentes en toda Europa, no nacionales. Y aun así, las grandes ciudades muestran una importante transformación en el modelo de su imagen externa. Lo que ha cambiado son los viajeros, los extranjeros, que determinan la fisionomía de las ciudades más visitadas de Italia en mayor medida de lo que se pensaba. Para empezar, parecen ser menos numerosos ahora. Viajar al extranjero vuelve a ser hoy en día lo que siempre fue, y que únicamente había dejado de ser en los últimos diez o veinte años previos a la guerra gracias a las mayores comodidades y al abaratamiento: un esfuerzo, una complicación y, en sentido material, casi un artículo de lujo. Así, por el momento todos los países son más nacionales de lo que lo han sido nunca, de ahí que Italia sea más italiana que nunca: la elegancia ya no es cosa de los extranjeros, sino en mayor medida de las mujeres autóctonas, y en todas partes, además, se ve el desmesurado aumento del lujo a cargo de los *pescecane* (como llaman aquí a quienes ganaron con la guerra). Por otro lado, en el propio modelo de los viajeros se ha producido un cambio absoluto. También en esto (como parece ocurrir con todo en el mundo) se sigue el orden de la hoja de cotizaciones de las divisas extranjeras: en primer lugar están los ingleses y los neutrales, suizos, escandinavos y holandeses; frente a ellos, los austriacos y los húngaros han quedado barridos del todo, y los alemanes, antiguo contingente natal de viajeros a Italia, han regresado a cifras modestas.

La valoración del cambio causado por esta deriva del elemento alemán en la imagen externa de las ciudades italianas solo podrá hacerla quien conociese Italia en los últimos años previos a la guerra, y sin duda alguien así lo considerará beneficioso para ambos países, para Alemania y para Italia. Porque viajar a Italia era una moda alemana que poco a poco se convirtió en invasión, que inundó ese país con masas de pequeñoburgueses de provincias —como personajes creados por Carl Sternheim o Heinrich Mann—, acompañados por la mujer y la familia al completo, de tal forma que al cabo uno empezaba a sentir que aquello no era Italia, sino ese mundo que resulta de lo más antipático sobre todo para el alemán culto. La plaza de San Marcos se había convertido en un centro alemán para la alimentación de las palomas, Capri era ya una sala para jugar al *skat*, mientras que Rímini y el Lido funcionaban como si fuesen el balneario de Bad Ischl trasladado a la orilla del mar. Entre los palacios anidaban salones de cerveza consagrados a Gambrinus y la chaqueta de paño tirolés amenazaba con convertirse en un nuevo traje regional. Esta Alemania ruidosa y vociferante ha desaparecido de las ciudades —no solo para delicia de los italianos— y los alemanes que se ven ahora son todos elementos agradables; expresado literariamente, son los alemanes de Thomas Mann, ese callado ejemplar culto esbozado con tanto cariño por este escritor, como oposición a los alemanes de Heinrich Mann, ese pequeñoburgués ridiculizado con un odio irónico por el hermano. Por su parte, un nuevo elemento, el del estraperlista, no se ha aventurado aún a salir del país, al ser sus maneras demasiado inciertas, demasiado inestable su conocimiento del idioma y verse obviamente despojado allí de su placer preferido: despertar envidias por su reciente riqueza; y es que estos elementos percibieron con demasiada rapidez en los norteamericanos la entelequia que representaban sus millones de coronas, y el remedo que eran sus antigüedades Biedermeier y sus muebles imperiales, pagados a precios excesivos, en comparación con las grandes obras de arte. Quien viaja al extranjero vuelve a ser lo que ya fue, aunque en los últimos años solo ocurra en viajes de ultramar: el representante de los mejores círculos intelectuales de su nación, y no una persona del montón, no un integrante de esa masa siempre repulsiva en su naturaleza gregaria.

Uno se alegra en nombre de ambos países, pues, por lo selecto, y se alegraría aún más si entre la masa antaño ruidosa de viajeros llegados a Italia no faltase también un elemento concreto muy valioso en otros sentidos: la persona jovencísima, el artista, el pintor, el poeta, que no venía aquí por moda ni para exasperar con postales a los vecinos de su pequeña ciudad, sino que, en un ambiente más libre de espíritu, percibía por vez primera un pasado grandioso común y compartido con un mundo nuevo, más amplio que el nacional. Nos veo a nosotros mismos, los de entonces, jóvenes de todas las naciones, alemanes, escandinavos, ingleses, italianos, poetas, historiadores del arte, pintores, músicos, personas de las clases, estatus y pueblos más diversos, recorriendo alegres, en comunidad, Florencia y Roma, animándonos unos a otros con pasión y entusiasmo. Y en esos días (y algunos otros en París) aprendimos, nosotros los de entonces, un tipo de íntima camaradería que la vida en la estrechez de la patria nunca aporta. Todos y cada uno de esos días y noches en Italia se han convertido ya en años y horas imposibles de perder, de forma que para nosotros en la palabra Italia resuena el significado de la más alegre juventud. Y ya no veo a personas jóvenes así: Italia les ha quedado vedada a causa de las complicaciones de la vida. Su jovialidad le falta a la imagen de este país en la misma medida en que a esta juventud le faltará por siempre la jovialidad de Italia. No puedo más que pensar en ellas, en las personas jóvenes de nuestro mundo, en ellas, las vedadas y excluidas; en esos jóvenes para quienes un libro se ha convertido en un tesoro, una visita al teatro es ya un sacrificio, un viaje parece una imposibilidad: personas condenadas a vivir en la atmósfera asfixiante de la Austria actual y a envenenar su propio espíritu con ella. Si tuviese que hablar con los jóvenes, los animaría antes de nada a que hicieran lo imposible por recuperar esa posibilidad de ver el mundo, de alcanzar una libertad espiritual; esto siempre será plausible para una persona resuelta, por lo que el joven que renuncie debidamente a quemar a diario sus treinta o sesenta coronas en tabaco podrá permitirse alguna vez pasar una semana al año en Italia, o un mes en alguna ocasión —la vida es aquí muy cara al cambio—, y de este modo enriquecer infinitamente toda su existencia. No se aprende nada con academias, cuadros o museos, eso es cierto, pero también es cierto que no se puede ejercer ninguna verdadera actividad intelectual sin amplitud de miras, sin tener la capacidad de comparar. Y de entre los países vecinos de nuestro desmenuzado Estado,

Italia sigue representando, gracias al alegre brillo de su cielo, la más consistente noción de Europa, la visión más bonita de un arte nuevo y necesario, por fortuna ligado al antiguo: el mejor camino al mundo eterno. Para nosotros, Italia sigue siendo la arcadia, la imagen mística de una esfera sumergida y pura, eternamente nueva como el primer día y placentera cada vez que se la vuelve a ver.

1924
LA CATEDRAL DE CHARTRES

Nunca estuvo París tan intenso, tan deslumbrante como este año, nunca rebosó tanta energía interna, irradió tan variopinta luz: un ritmo distinto hace vibrar sus calles, uno más vehemente, y quien antaño apreciase el aire suave y desenfadado de esta ciudad percibirá con asombro, al borde del espanto, el paso tórrido, apasionado y cuasi febril que lleva ahora. En sus avenidas ha penetrado algo de Nueva York, algo del tempo de las gigantescas ciudades norteamericanas: blanca y radiante se vierte la luz sobre las calles que tiemblan llenas de gente, los carteles luminosos brincan de un tejado a otro y los edificios se estremecen hasta sus cimas con el tronar de los automóviles. Los colores, las piedras, las plazas, todo brilla, titila y arde con esta nueva celeridad, todos y cada uno de los nervios de esta ciudad radiante vibran hasta alcanzar incluso la estruendosa cavidad del tren subterráneo, y hasta la última fibra del cuerpo tiembla con ella de manera inconsciente: uno se siente perseguido, arrinconado, llevado por este frenesí centelleante que aturde y deleita, pero pese a todo cansa. Es un ritmo que resulta sensual, una fantasmagoría para la mirada, una fuerte tensión para las sensaciones... hasta que llega un momento, a cada tanto, en el que te dices: ¡Basta! Quisieras descansar y reposar un rato, pasear despreocupado como años atrás por los viejos callejones de la Rive Gauche, o por ese Boul' Mich' tan apreciado por la juventud.[16] Pero estos lugares ya no están pensados para ser tranquilos destinos de peregrinación: de sus estrechas fauces, como disparados con un cañón, sale un automóvil tras otro, golpe a golpe, paso a paso. Y en el Boul' Mich' (como en todas partes) los bancos han sustituido a los cafés, así que los jóvenes, los estudiantes, se han visto empujados a las afueras, a Montparnasse. Entre un amanecer y el siguiente no hay ni media hora de tranquilidad en ninguna parte de esta ciudad hinchada y febril. Los nervios de su incansable fervor se agitan hasta afectar incluso a Saint-Cloud y Sèvres: en ninguna parte, en ninguna, se encuentra ya *la douce France*, en ninguna hay un lugar en el que contemplar plácidamente la luz plateada sobre el Sena al acercarse la noche, por ningún sitio está ya el viejo París. La ciudad suave, voluptuosa y cálida ha echado músculos y martillea ahora al compás, cual obrero fanático, con su brillo

16 Este Boul' Mich' es la manera cariñosa con la que los parisinos y otros habituales del lugar llaman al boulevard Saint-Michel (avenida que, dada su cercanía a la Sorbona, sería uno de los núcleos de los enfrentamientos entre estudiantes y fuerzas policiales durante el Mayo del 68).

crepitando como el de un cohete que diera bandazos. Hay que alejarse más para volver a percibir, tras su rostro inglés y tras el norteamericano, el semblante francés, el de antaño, para saborear con calma lo que París rompe aquí en mil pedazos vibrantes. Y de pronto, ansiando un rato de relajación, me acuerdo de que la única de las grandes catedrales que no he visto es la de Chartres. Está a una hora y media y ya lo sé de antemano: entre ella y París hay mil años de separación; allí, el ritmo del tiempo oscila a otro compás, más plácido.

Es curioso: el tren expreso, que con su traqueteo atraviesa el aire dejando atrás los postes del telégrafo, resulta relajante frente al juego de destellos de París. Apoyado en la ventana, uno va mirando el paisaje en llano. La imagen me resulta familiar. Creo reconocer cada uno de los árboles, los canales, los estanques por las imágenes de los impresionistas. Con cuánta frecuencia no habrán pintado Monet, Pissarro, Renoir o Sisley todo esto: los pequeños jardines con el brillo húmedo de la primavera temprana, los recelosos abedules, la hierba reluciente, este campo fecundo aunque llano, pleno aunque un poco monótono, que rodea París. Por ningún lado hay un bosque como es debido, en ninguna parte hay un monte, en ningún sitio, tampoco en la distancia, ni una sola montaña de verdad; no hay más que praderas, casas y agua, una tierra aprovechable, labrada con esmero. La mirada se cansa al no percibir nada peculiar en derredor, pero de pronto, cuando el tren empieza a desacelerar, algo se alza imponente en el paisaje chato, muy imponente, una construcción grande y maravillosa. «Como un gigante arrodillado que sobre la llanura tiende los brazos a Dios», así empezó Paul Claudel una de las evocaciones de esta catedral francesa, unas líneas que regresan de golpe a mi mente, con brusquedad, como lo hacen las verdades: cierto es que aquí, sobre la leve curvatura de una ciudad de provincias, se levanta como un forastero, como un gigante enorme de cuerpo chato, el pesado tejado macizo de una catedral y sobre él, extendidas en oración eterna, se alzan al cielo las dos torres. Precisamente el aparente sinsentido de que aquí, en mitad de un campo vacío, en mitad de una ciudad de poca altura e importancia, rompa las alturas una construcción colosal, justo eso crea un efecto de inolvidable grandiosidad. En París parece comprensible que Notre Dame congregue la creencia religiosa de millones en un infinito cúmulo de calles, como si fuese un manantial gigantesco, y resulta casi imposible pensar en Viena o Colonia sin las agujas de piedra entre las que brota liberado, por así decirlo, el entramado de casas. Aquí, sin embargo, la dimensión se convierte en asombro, la proporción misma, en una vivencia.

¿Quién la construyó, quién hizo esta catedral colosal en el vacío del campo, muy por encima de la pequeña y prosaica ciudad? Los nombres de los maestros se han perdido todos, y aunque se supieran tampoco dirían mucho. Porque una maravilla así no pueden crearla un individuo ni unos cuantos, hacen falta siglos para que sea real y se haga eterna. Los auténticos maestros de obra se llaman así: fe y paciencia, la fe de miles de personas olvidadas sin nombre y la paciencia de cientos de miles de obreros que trabajaron en soledad. En vano rebusca uno en las líneas, en los planos, pues no hay respuestas ahí para la pregunta ineludible: ¿cómo logró cierta gente en otros tiempos sacar el coraje para construir una catedral gigante como esta, en mitad de un vacío de la naturaleza, apoyada a duras penas en una ciudad pequeñita y humilde? ¿Fue solo la ambición de igualar en tamaño a París, la hermana enorme, esa misma ambición que apremió a crear las iglesias de Italia, las catedrales de Alemania, los campanarios de Bélgica, cada uno más imponente que todas las anteriores? ¿O quizá aquí, en mitad de un campo llano donde apenas se alza un monte sobre las praderas, hubo alguien hace muchos muchos años que, tras peregrinar por tierras lejanas y ver montañas y peñascos amontonados, desveló al resto el deseo de crear una altura que permitiera contemplarlo todo a vista de pájaro, de horizonte a horizonte? Fuera como fuese, hubo quienes comenzaron a construir esta montaña de piedra, esta fortaleza de Dios poderosamente tallada frente al asalto del tiempo, y no descansaron hasta que estuvo acabada. Cuando una generación llegaba a su fin la retomaba la siguiente, y así creció esta enorme bóveda con sus torres, hasta su brillante chapitel, hasta esa airosa morada de las campanas.

No obstante, cuando se construyó este risco abovedado, las gentes de esta tierra luminosa y soleada se quedarían aterrorizadas, pues su interior debía ser oscuro y frío como una cueva. La enormidad de la bóveda, piedra a piedra, probablemente inspirase pesadumbre y un miedo velado: para mitigar la pesadez de esa luz sombría, hicieron coloridas vidrieras en los huecos de las ventanas, que permitían filtrar el sol en todos los colores y entrever con mirada beata la policromía de la vida también allí, en plena oscuridad. Las vidrieras de Chartres son de una grandeza incomparable. Sin estar tan apretadas y apiñadas como las de la Sainte-Chapelle de París (que en realidad son solo cristales brillantes hendidos por finas franjas de piedra), dividen el recio muro en óvalos azules, en rosetas encendidas de una diversidad infinita: como en la gruta de Capri, la luz brilla mágica desde una distancia indistinguible, con un tono azul cobalto y violeta, en una fusión y un difuminado inconcebibles, dentro de ese espacio que se disuelve suavemente en un crepúsculo indescriptible. Todos son colores ricos y nítidos, tienen esa profundidad tan pura que solo lucen en nuestro variopinto mundo las flores alpinas, la genciana, la rosa de Navidad y la flor de las nieves; la química moderna y las estruendosas fábricas han sido incapaces de fundir el cristal con colores de igual brillo. En mitad del frío, a esa altura, uno siente que está rodeado de fuego, de una dicha única aportada por la contemplación.

Sin embargo, para los sin nombre aquella prominente construcción seguía careciendo de vida suficiente: el risco ya estaba florecido y lleno de luminosidad, ya se había convertido en naturaleza y paisaje, sí. Pero faltaba en él la vida auténtica, el ser humano en todas sus formas y la fauna omnipresente. Así pues, colocaron por todas partes imágenes, figuras de piedra, para dar vida a la rigidez de la roca: una multitud imposible de obviar. Delante de las portadas siguen en pie, severos como centinelas, los ángeles y los patriarcas, las figuras se alzan sobre las columnas con austeridad y angostura gótic, vuelan de los nichos convertidas en criaturas murciélagas, y encarnadas en gárgolas asoman desde las torres sus bocas abiertas de par en par. Llenan las bóvedas como enjambres arremolinados, como un cuento itinerante se ciñen en torno al altar, a modo de leyendas gráficas. La Anunciación, el Nacimiento y la Resurrección, las festividades del año entero y la *Leyenda áurea*, el hijo pródigo y el buen samaritano: todo cobra vida aquí, tallado en piedra o dibujado en las ventanas, reluciente, y nadie sería capaz de contar la abundancia de figuras hasta el final. Son miles o decenas de miles: como maleza y matorral se abre paso la forma humana entre los altísimos árboles que forman las columnas, buscando alzarse hasta la bóveda. Todos los estilos y formas están aquí mezclados, y el muro y el altar que Jean de Beauce empezó en el siglo XIV y que no se terminaron hasta el XVIII reflejan la variedad de la escultura al completo: en pocos minutos se recorren siglos de historia del arte. Y uno sabe que nunca acabará de verlo todo, pues han sido generaciones enteras de marmolistas y escultores las que han concebido este ejército terrenal de figuras, eternamente reunido aquí en honor a Dios.

No obstante, esa plena multitud imposible de obviar, apiñada como está en las columnas, la cripta, la bóveda y el muro, se deja sentir antes que nada en las personas vivas del presente. Es domingo y los vecinos llenan la catedral, aunque es un decir, porque no la llenan: únicamente ocupan un par de bancos y aquí y allá se congregan ante una imagen; pero qué frágil, qué pobre es ese grupito de personas junto a la miríada de las figuras de piedra, qué diminuta la camarilla de oradores bajo la enorme sillería de la catedral. En esta catedral cabría una generación entera de este pueblo, y su heroico ejemplo es seguir siendo hasta la eternidad demasiado grande para todos los designios terrenales, estar eternamente por encima de todas las posibilidades y no ser más que un símbolo de lo infinito. Quienes erigieron esta catedral en mitad del campo llano solo querían inmortalizar la fe, preservar en el tiempo su beata voluntad moldeada en piedra: con reverencia se percibe aquí el «espíritu del gótico», el siglo de la fe y de la paciencia, un siglo que ya no volverá.[17] Porque nunca volverán a levantarse obras así en nuestro mundo,

17 En 1917, Karl Scheffler publicó *Der Geist der Gotik* (El espíritu del gótico), un libro en el que el crítico de arte alemán hace un repaso histórico a dicho estilo artístico.

que cuenta ya las horas con otras magnitudes y vive a otras velocidades: la gente ya no construye catedrales.

No, la gente ya no construye catedrales. Cuánta pobreza siente uno en esta época al regresar a casa tras estar ante esta formación imperecedera. Nuestros planes apuntan a objetivos rápidos, llevamos un ritmo precipitado y ya nunca una sola obra sobrepasa a toda una generación, raras veces va más allá de una sola vida. Nosotros, a quienes una chispa comunicativa nos permite en un segundo hablar con otro continente, nos hemos olvidado de expresar nuestro ser en piedras lentas, en años infinitos: nuestras maravillas se han hecho más prácticas e intelectuales; nuestros sueños, menos sólidos. El alma se ha despedido de esta formación tan prominente como de algo sumamente ajeno, del Partenón o las pirámides, y somos sin duda conscientes de haber perdido, para la infinitud alcanzada desde entonces por el mundo, la capacidad de encarnar de manera tan espléndida el espíritu de un pueblo entero, el genio de una época en una sola y única obra. Eso se acabó. La gente ya no construye catedrales.

Pese a todo, cuando el tren acelera de vuelta, a través del paisaje vespertino que oscurece, emerge una brillante cúpula, rojiza y abovedada, que surge sobre el horizonte hasta alcanzar el cielo invisible, allí donde la mirada aún no ve nada pero el sentido sí intuye la presencia de París, esa ciudad gigantesca. Se trata del círculo de fuego parisino, otra catedral distinta que todas las noches se alza ahí sin piedras ni pilares, únicamente construida con cientos de miles de luces y llamas eléctricas (como lo está la de Chartres con miles de sillares). Todas las noches, indestructible, esta catedral de luz se levanta reluciente sobre la ciudad efervescente, la catedral más espléndida de nuestro tiempo, formada por un ensamblaje de innumerables energías eléctricas, de las cálidas y palpitantes vidas de millones. Quizá no se haya creado con la misma fe que esas viejas catedrales, pero sí con la misma ardiente voluntad, con la misma energía inmortal y terrenal. Esta nueva catedral de París, espléndidamente abovedada, iluminada de manera sobrenatural, se eleva en las alturas en mitad de la noche atenta, y quizá esos maestros de obra de antaño la considerarían tan magnífica, imponente y divina como a nosotros nos parecen las obras tradicionales. Con distintos caracteres escriben las diversas épocas su historia en el paisaje de la Tierra, y no hay nada más maravilloso que poder leer, en el intervalo de una sola hora, el deseo de vivir de unas y de otras, expresado cada uno en sus propios caracteres (cuán ajenos parecen entre ellos), y comprenderlos y apreciarlos.

1925
LA FERIA DEL BUEN COMER

¡Aquí estoy, Dios sabe cómo! Metido en una curiosa fiesta de pueblo, mientras hago una parada en Dijon a mi regreso de Marsella, con intención de ver por fin, de una vez, el museo que alberga las magníficas tumbas de los duques de Borgoña. Desde la estación ya se ven ondear los colores, miles de banderines variopintos que a plena luz del día titilan como llamas diminutas, desde algún punto retumba la música de unos carruseles que repiquetean; y mientras uno se pregunta asombrado a qué santo se deberán estos trajes festivos, las banderolas extendidas desde el otro lado del callejón se lo gritan deslumbrantes: «Foire gastronomique», o como a mí me gusta traducirlo, «feria del buen comer». Sí, esto pasa en nuestro mundo, ahora adusto, ocurre todos los años desde hace un lustro aquí en Dijon, en esta vieja ciudad de Borgoña que recuerda a Augsburgo por el esplendor de sus palacios burgueses: una feria del buen comer con una solemne inauguración a cargo del ministro y del alcalde, con discursos llenos de brío y poemas malos, pero, según parece, también con vinos exquisitos y suntuosos bocados. Todos los restaurantes están obligados a preparar a diario, durante las tres semanas que dura la feria, platos únicos y especiales con los que compiten entre sí y que desde semanas antes se fijan como piezas de música en el programa de las fiestas, un calendario culinario cuya traducción a nuestro amado alemán me parece tarea más ardua que trasladar a versos alemanes un poema de Paul Valéry o de Mallarmé. Por las calles crujen los barquillos recién horneados, ante las tiendas se amontonan en cientos de miles los caracoles de Borgoña (supuesta exquisitez) que ahora acaban engullidos velozmente junto al vino sacado de las mismas vides por las que antes reptaban a paso lento. Los cocineros, con sus gorros blancos y sus rostros colorados y festivos, son aquí más o menos lo que en Alemania son los oficiales: objeto de admiración ilimitada y dueños y señores incuestionables de la situación. Simultáneamente, se celebra una «Foire de vin», una feria del vino, así que uno ve a compradores de todos los países muy animados y acalorados por las muchas catas, con los ojos algo nublados pero parpadeando con alegría mientras se desplazan por las calles: son algo ruidosos, estos señores rollizos, y sus rostros llevan la pátina de una mirada cobriza, aunque también son animados, joviales y alegres y, como amables Silenos vestidos con redingotes, se integran gratamente en la bulliciosa estampa general.

Siendo sinceros, ¿no es agradable que este tipo de celebraciones inocentes, excesivas, nada pretenciosas, calcadas a la auténtica esencia humana, existan en nuestro mundo adusto (como antes lo califiqué) y sin embargo excesivamente escandaloso? Bien sé que la gastronomía es un arte de categoría más corpórea y por tanto menor —pese a que los franceses nunca han dejado de considerar la buena cocina un arte—, si bien no quisiera comparar en modo alguno la bulliciosa algarabía de este tipo de fiestas con ese memorable deleite que, por así decirlo, te incendia las entrañas y que este año debo agradecerle al festival de Händel de Lepzig; no, no quisiera comparar, pero tampoco torcer el morro en gesto altanero cuando un pueblo, una ciudad entera, tiene el coraje de profesar alegre y despreocupadamente su querencia por las cosas más sencillas de la existencia, y aporta un sentido especial a lo insignificante mostrando un tierno cariño, una pasión tenaz. Justo ahí, en esa despreocupación, en esa alegría jovial ante las cosas pequeñas, se recoge un rasgo muy definido del carácter francés que apenas se conoce en Alemania, pues nosotros enfocamos la mirada con demasiada tenacidad en París, que por desgracia se ha desafrancesado con rapidez y, lo más alarmante, se ha convertido en una ciudad común y corriente, con usos y costumbres comunes y corrientes. Hay que salir por tanto a las provincias para que Francia se haga entender verdaderamente, y solo ahí, en esas fiestas liliputienses, en el jolgorio y en las vanidades, se desvelan todas las peculiaridades. Así, aquí en Dijon y durante esta feria, he visto algo que se ha convertido en una rareza absoluta: vivacidad, una alegría nada ruidosa que llega desde el interior, que está vinculada a lo insignificante; es el deleite con lo modesto, con lo que se va haciendo a diario, algo nada frecuente ya y que pensaba que hacía mucho tiempo se había alejado de nosotros para quedarse solo entre los negros. Quizá lo haya percibido únicamente durante unos momentos de luz, entonado además como estaba por el vino pálido y suave que acompaña a la copiosidad, pero sin duda lo he visto y sentido durante un par de horas. Y por eso anoto con gusto esta feria de Dijon en el libro del buen recuerdo, «nel libro della mia memoria».[18]

18 Este colofón encierra una referencia a Dante Alighieri, que utilizó la frase entrecomillada por Zweig («en el libro de mi memoria») en el párrafo de introducción a *Vita nuova* (Vida nueva, 1292), la primera obra atribuida al poeta italiano. De carácter autobiográfico, el libro está escrito en poesía y prosa y se inspira en la relación amorosa del autor con Beatriz.

1926
IR DE VIAJE O DEJARSE LLEVAR

Puertos y estaciones de trenes: mi auténtica pasión. Soy capaz de permanecer horas frente a ellos, esperando a que una nueva ola de personas y mercancías arrolle rugiente a la que va en retirada. Me encantan las indicaciones de horas y trayectos, tan misteriosas, los gritos y ruidos, variopintos y roncos, que resuenan entre sí cobrando significado. Cada estación es distinta a las demás, cada una de ellas borra una distancia, cada puerto, cada barco transporta un cargamento diferente. Representan el mundo en nuestras ciudades, la diversidad en nuestro día a día.

Pero ahora he visto un nuevo tipo de estaciones, en París por vez primera: ahí están, en mitad de la calle, sin vestíbulos ni techo, no tienen distintivos y aun así son un constante ir y venir. Se trata de las ubicaciones de los grandes ómnibus comerciales que quizá algún día sustituyan por completo al vagón de tren: con ellos comienza otro viaje, el viaje en masa, el viaje por contrato, el viaje al que te dejas llevar. Nueve de la mañana: llega el primer tropel procedente del bulevar, cuarenta, cincuenta pasajeros, norteamericanos e ingleses en su mayoría, un intérprete con una gorra de colores los hace subir, los conducen a Versalles, a los castillos del Loira, al monte Saint Michel y llegan hasta la Provenza. Una organización matemática les ha planificado y preparado con antelación el viaje a todos, no necesitan buscar ni calcular nada; el motor arranca, van a una ciudad desconocida, el almuerzo (incluido en el precio) está esperándoles allí y por la noche lo estará la cama; los museos, los destinos de sus visitas están abiertos a su llegada, con la entrada lista, no hará falta buscar a ningún bedel, dar ninguna propina. Hay un tiempo calculado para cada mirada, las calles están elegidas según la mejor experiencia. ¡Qué cómodo es todo! No hace falta pensar en el dinero, prepararse, leer libros, preguntar por alojamientos. Detrás de los que se dejan llevar de viaje (y no digo «los que van de viaje») anda siempre su custodio (porque los cuida y los vigila, desde luego) con su colorido gorro, para explicarles mecánicamente cada particularidad. No hay que hacer nada, solo entrar en una agencia, elegir destino y pagar la cuantía —esto es, invertir en una especie de pensión de viaje de catorce días—, y con eso ya irá el equipaje por delante mientras unos duendecillos preparan laboriosamente la comida y la cama en un paisaje nunca visto. Así, sin mover un dedo, van de viaje actualmente cientos de miles de personas procedentes de Inglaterra o de Norteamérica, o más bien, se dejan llevar.

He hecho el esfuerzo de imaginarme a mí mismo por una vez en una marea humana como esa. La comodidad resulta innegable. Uno tiene todos los sentidos liberados para dedicarse a contemplar y a disfrutar: no lo distraen esas preocupaciones liliputienses pero aun así constantes ligadas a la búsqueda de un sitio donde dormir o un plato que comer, no necesita consultar trenes ni se expone a toparse con callejones equivocados, ni a sufrir engaños ni timos, ni a farfullar una lengua extranjera con mucho trabajo... Todos los sentidos permanecen alerta únicamente para absorber lo nuevo. Y eso nuevo, por su parte, ya está filtrado gracias a una experiencia de décadas sobre lo que merece la pena ver y lo que no: en este tipo de recorridos compartidos solo se ve lo que de verdad es lo más importante, y nunca le faltará compañía a quienes no acaban de disfrutar si no es disfrutando comunicativamente con otros. Además, es una cosa barata, práctica y sobre todo cómoda, y sin duda por estos motivos será el método del futuro. Ya nadie irá de viaje, sino que se dejará llevar de viaje.

Y pese a todo, ¿no es en una compañía tan aleatoria como precisamente se pierde lo más misterioso de un viaje? Desde tiempos inmemoriales, la palabra viaje ha estado envuelta en un leve aroma de aventura y peligro, en un aura de contingencias variables y atractiva inseguridad. Cuando viajamos, lo hacemos no solo por mor de estar solos en la lejanía, sino también por apartarnos de lo propio, de nuestro mundo diariamente ordenado y enumerado, por las ganas de no estar en casa y en consecuencia no ser uno mismo. Queremos interrumpir lo que estamos viviendo con lo que vamos a experimentar. Sin embargo, quienes se dejan llevar de viaje pasan junto a muchas cosas nuevas sin que ninguna pase por ellos, todo lo curioso y personal de un país ha de escapárseles necesariamente, en tanto que los llevan de un lado a otro y el que guía sus pasos nunca es el azar, auténtico dios del caminante. En última instancia, esos norteamericanos e ingleses montados en un automóvil enorme siguen estando en Inglaterra y Norteamérica, no oyen la lengua extranjera, no perciben la idiosincrasia ni las costumbres del pueblo (les falta el roce). Ven los lugares dignos de visitar, claro, pero lo hacen todos igual, en las veinte cargas diarias del ómnibus, todos ven los mismos sitios, todos y cada uno experimentan lo mismo, y además a través de las explicaciones del mismo hombre. Ninguno vive nada en profundidad, pues se acercan a las piezas y mundos más exquisitos en compañía, parloteando y chismorreando, nunca contemplan nada solos, nunca se aproximan a la maravilla en soledad y devoción: lo que se llevan a casa no es más que el orgullo material de haber tenido ante sus ojos tal iglesia o tal imagen, más bien un registro de tipo deportivo que una sensación de crecimiento interior y de enriquecimiento cultural.

Por todo ello es preferible la incomodidad, la molestia, el fastidio, esto es, las cosas propias de un viaje en condiciones, pues siempre hay un contrasentido entre la comodidad, lo que se consigue sin esfuerzo y lo que se experimenta de verdad. Todo lo importante de la vida, todo aquello a lo que llamamos beneficio, surge del esfuerzo y de la renuncia, y todo crecimiento relevante en cuanto a vivencias del mundo debe de algún modo ir ligado a lo personal de nuestro ser. Por este motivo, la mecánica cada vez más avanzada de los viajes me parece más un peligro que un beneficio para quienes no solo aspiran a acercarse a lo ajeno superficialmente, sino que también arrastran a su alma imágenes vivas y acentuadas del paisaje nuevo. Allí donde no descubramos algo, o creamos descubrirlo al menos, allí donde una energía y simpatía ocultas no nos muevan hacia cosas nuevas, al deleite le faltará una tensión misteriosa, una vinculación entre lo nunca visto y nuestra mirada asombrada; y cuanto menos dejemos que las experiencias nos penetren a sus anchas y más las atravesemos en tono aventurero, tanto más interiormente vinculadas a nosotros permanecerán. Los trenes de montaña son espléndidos: en una hora nos suben al más espléndido espacio montañoso, sin cansarse y con comodidad le permiten a uno saborear la panorámica del mundo que se despliega ante sí. Pese a todo, esta manera mecánica de subir a un lugar carece de cierta estimulación del alma, un curioso y excitante orgullo: la sensación de la conquista. Y de esta sensación peculiar pero propia de la experiencia real se ven privados todos los que se dejan llevar en vez de ir de viaje, quienes sacan el monedero para pagar ante un mostrador el precio del recorrido pero no abonan el otro precio, el más alto, el de mayor valor, el que se paga con la voluntad interior, con la energía en tensión.

Lo curioso precisamente es que este esfuerzo es el que se reembolsa de la manera más pródiga. Porque solo cuando adquirimos una impresión a base de molestias, inconvenientes y errores queda un recuerdo especialmente luminoso e intenso; no hay nada en lo que a uno le guste pensar más que en las pequeñas molestias, en los dilemas, los caminos equivocados y confundidos de un viaje, igual que se disfruta en los últimos años de vida de los disparates más disparatados de la juventud. Que nuestra vida diaria sea cada vez más mecánica, que esté más organizada sobre los raíles pulidos de un siglo tecnológico, es algo que ya no podemos evitar, y quizá tampoco queramos hacerlo, pues así ahorramos fuerzas. Pero viajar debería ser un despilfarro, un abandono del orden frente al azar, de lo cotidiano frente a lo extraordinario, habría de ser una creación de lo más personal y propia, hecha de acuerdo a nuestras afinidades. Vamos a defender esto frente al método nuevo, burocrático y mecánico, que son las excursiones de masas, las fábricas de viajes.

Rescatemos esa parcelita de aventura en este mundo tan excesivamente ordenado, no nos permitamos salir de viaje como si fuésemos el vulgar cargamento de una agencia utilitaria. Volvamos por el contrario a viajar al modo de nuestros antepasados, por voluntad propia, con un destino propio: únicamente así todos y cada uno de los viajes pasarán a ser un descubrimiento no solo del mundo exterior, sino también de nuestro propio mundo interior.

1928
YPRES

Hace años, muchos años, estuve una vez en esta ciudad ahora tan trágicamente famosa. Fueron dos o tres horas de traqueteo desde Brujas, en un tren regional a vapor, cayó la noche y yo era un extranjero completamente solo con dificultades para localizar alguna fonda: la gente ya dormía a las nueve y solo parpadeaban candiles de queroseno en un par de pequeños cafés, al otro lado de persianas a medio cerrar. La gran plaza situada delante de la lonja, a oscuras y vacía, era un estanque cuadrado. Silencio. En realidad, no habría sido ninguna sorpresa si de pronto hubiese aparecido caminando de entre las sombras un sereno medieval para hacer su ronda por los callejones y llamar al sueño al modo de los maestros cantores. Sin embargo, en ese silencio se alzaba gigantesca la mole cuadrada de aquel espléndido edificio, la lonja. Concretamente para ver esta última y la catedral había llegado yo, después de tres horas de tren regional, hasta ese lugar provincial, impasible y olvidado.

El nombre de Ypres, ciudad mártir, reluce ahora en todos los letreros, desde Lille hasta Ostende, de Ostende a Amberes y hasta entrar en tierras holandesas: viajes organizados, excursiones en automóvil, recorridos por separado que se anuncian en ofertas. A diario, decenas de miles de personas (¡quizá más!) pasan allí un par de horas aceleradas: Ypres se ha convertido en el *great show* de Bélgica, una competencia peligrosa para Waterloo, una visita imprescindible e ineludible para todos los turistas. Al abrirse paso entre esta vorágine de forofos *a posteriori* —aficionados al frente de batalla una vez acabada la guerra—, el primer sentimiento que le nace a uno es el de renuencia. Sin embargo, la responsabilidad nos apremia a no pasar por alto aquello que cobra vida gracias a la historia de nuestro tiempo: solo si nos sabemos orientar con firmeza y conciencia plena estaremos a la altura del pasado y, por tanto, también del futuro.

A Ypres, pues. Pero no en uno de esos ómnibus en los que guías contratados siguen a diario rutas prescritas, soltando peroratas sobre iglesias, monumentos, ruinas y doscientos mil muertos, de acuerdo a un programa bien surtido. Mejor hacer un pequeño desvío e ir antes a Nieuport. Caminos anchos y cómodos, franjas de goma elástica en un principio, lisas y asfaltadas, por las que aceleran coches de lujo botando en silencio entre una zona de balneario y otra, probablemente sin reparar en absoluto en los vestigios de la guerra que tienen a derecha e izquierda y que poco a poco están quedando cubiertos por la arena. Porque hace falta aguzar bien la mirada para lograr ver y entender que los finos surcos de agua que ahora zigzaguean entre los campos fueron durante cuatro años trincheras para los batallones agazapados. Que el estanque redondo que juega con esas nubes azules, y en el que vacas de motas amarillas sorben plácidamente el agua con sus hocicos rosados y blandos, debe su existencia al ensanche de un cráter mortífero dejado por la artillería pesada.

Sí, al principio hay que fijar la mirada para discernir todos esos recordatorios (porque el tiempo diluye los vestigios en la tierra maleable casi tan rápido como en las olvidadizas cabezas de la gente). Pero al poco, en las cercanías de Nieuport, antaño el frente principal, aumentan de manera alarmante las señales. Cada vez hay más de esas cuevas trogloditas, árboles rasgados con el follaje desprendido por el envenenamiento, unos brazos esqueléticos que se alzan al cielo en tono acusatorio. Cada vez más y más cubiertas de chapa, desprendidas, tiradas y magulladas, refugios apuntalados; y una inquietud empieza a oprimirle a uno por dentro: ¿qué quedará de la ciudad de Nieuport, que durante años permaneció en el cerco de la artillería y que fue a diario molida y pulverizada, durante cuarenta meses terribles?

Pero no: de pronto, con un vuelco de sorpresa en el corazón, se divisa en la distancia el perfil intacto de esta vieja y pequeña ciudad portuaria. Con lápiz de grafito gris se dibuja el delicado campanario como antaño en el cielo, sonrosadas y pulidas como láminas brillan las casitas de ladrillo. Por tanto, el rumor de la destrucción absoluta fue una exageración y ahora se constata de primera mano: la ciudad sigue en pie igual que antaño. Tranquilizado, por así decirlo, avanzas dando tumbos sobre el canal del río Yser (que ni de lejos lleva tanta agua como sangre europea se derramó por él), aterrizas en la ciudad inalterada y recorres las calles hasta llegar a la plaza del mercado.

Resulta extraño, muy extraño, lo cuidadas que están las viejas calles, extraño lo nuevas y relucientes y pulidas que lucen las casas, extraño lo recientes que parecen la vieja torre del mercado y la iglesia de Nuestra Señora. Hasta que, de repente —notando un respingo hasta en el corazón—, te percatas de que todo es nuevo y reciente, piedra a piedra, casa a casa, todo reconstruido en su antiguo lugar: esto ya no es Nieuport, sino un facsímil, un duplicado de Nieuport. Un par de fotografías expuestas en el primer comercio abierto ilustran lo que fue este lugar en el intervalo transcurrido entre el intacto Nieuport de antaño y el intacto de hoy: un paisaje lunar, un montón de cenizas, un caos de ruinas hecho de hollín, fuego y escombros. Se asemeja a lo vivido en Dixmuda y en Langemark: una ciudad nueva en vez de la vieja, una fotografía del pasado hecha en piedra y hierro, un facsímil de lo anterior, un duplicado.

Resulta indescriptible la sensación ambivalente y ambigua que se tiene ante toda esta extrañeza. Y es que ¿qué ciudad es esta en realidad? ¿Una antigua o una nueva? ¿Es Nieuport o no lo es? ¿Es Dixmuda o no? No es ninguna de las dos. No es la ciudad antigua, no es una nueva, sino una doble de sí misma, el espectro de una ciudad que lleva puesto su vestido viejo y camina sonámbulo con él a plena luz del día, fingiendo con piedras nuevas la vida antigua, falso como un facsímil, inconfundible y aun así artificial. Y pese a que estas pequeñas ciudades se tumben ahora cálidamente bajo el sol, más luminosas que nunca, avivadas y lozanas, por así decirlo; y aunque las personas que las habitan se dediquen tranquilamente a sus negocios y se entretengan llenando sus pipas, resulta imposible desprenderse del velado horror sentido al estar ante el íncubo, ante estas ciudades-gólem, ante esta rápida renovación mímica, y no queda más remedio que huir como ante un fantasma.

LA CIUDAD SIN CORAZÓN

A toda velocidad hacia Ypres, pues. A derecha e izquierda fluye el oro de los cultivos que maduran cargados de granos: de nuevo en la naturaleza siente uno que todo lo vivo subsiste de lo muerto. Bosques enfermos con el follaje corroído, amarilleado por el gas tóxico, extienden sus muñones como clamando ayuda. Y por los muchos cementerios a ambos lados del camino se percibe de forma inconfundible la cercanía del foco de combustión de una batalla que duró cuatro años. Cruces, cruces, cruces, ejércitos pétreos formados por cruces, estremecedoras si se piensa que bajo cada una de esas piedras, lisas y pulidas, envueltas en rosas, descansa una persona que, de no ser por aquella locura, estaría ahora totalmente sana, con cuarenta o cincuenta años, plena de vida y vigor. Descartando estos pensamientos podría decirse que el lugar es, por lo demás, bonito: estos bosques de muertos cuasi musicalmente compuestos en el paisaje vacío, australianos, canadienses, ingleses, belgas, franceses y algunos alemanes también, estos últimos claramente aislados de los antaño enemigos de una manera no muy afortunada (porque ¿qué significa la palabra enemistad para los muertos?). Es cierto que sus cruces de madera, brillantes y erguidas aún hoy, se arrebujan conmovedoramente en el bosquecillo. Sin embargo, esa afectada armonía sentimental queda ensombrecida un instante por el disgusto de ver que, al contrario que en el cementerio inglés, francés y belga, donde oficiales y soldados rasos están enterrados obviamente juntos, en los alemanes prevalece la escrupulosa segregación entre oficial y soldado, esto es, el cementerio de unos está separado del cementerio de los otros. No bastaba con que tuviesen ropas distintas, recibieran provisiones diferentes, viajaran en vagones de otras clases, tuviesen que utilizar distintos retretes y burdeles: también en la muerte quiso el estatuto militar alemán perpetuar visiblemente esa terrible partición entre castas, entre el oficial y el hombre «común», y dejó en tierra extranjera, en la forma de estos cementerios de primera y segunda categoría, una última huella del espíritu militar de clases, que esperemos que sirva además como su monumento funerario.

Un par de calles estrechas más allá se llega a la plaza del mercado. Todo está como antaño, preciosamente reformado, quizá muy reciente, solo falta —¡qué horror!— la enorme lonja, esa gigantesca construcción ciclópea, el orgullo de Bélgica, en torno a la que en otros tiempos se agolpaba toda la ciudad con sus casitas, cual polluelos a la gallina. Allí donde se alzaba heroicamente esta grandiosidad, desafiando a los siglos, se ve ahora la nada: un par de muñones de piedra manchados por el humo, como dientes con caries, negros y corroídos, que se enseñaran desafiantes al cielo. Le han arrancado el corazón a esta ciudad, algo solo comparable a que en Berlín, en vez del palacio y la avenida de los tilos, hubiese un montón de ruinas y cascotes.[19]

Escalofriante estampa. Más escalofriante aún que las fotografías de los escaparates en las que se ven tomas aéreas de Ypres en 1918: un paisaje de cráteres, una única excrecencia de escombros. Sin embargo, ese escalofrío que deja la falta de reconstrucción de este imponente edificio, y no otro, se debe a una intención deliberada: desde luego que este edificio, único y el más enorme del mundo belga en guerra,

19 Pocos años después de que Zweig escribiera este texto, se iniciaron las obras de reconstrucción de este edificio, que no pudieron concluir hasta 1967. La lonja recuperó su forma original y actualmente es Patrimonio de la Humanidad de la UNESCO. Su historia ya no se recuerda a través de sus ruinas, sino de un museo dedicado a tal fin y emplazado en el propio edificio.

ha de permanecer a perpetuidad como un montón de ruinas, para recordar lo ocurrido a una generación tras otra, como lo hacen las ruinas del castillo de Heidelberg. Probablemente hubiese en ello un sentimiento de venganza intencionado, para perpetuar el desprecio y el resentimiento hacia los invasores exhibiendo el martirio de esta ciudad durante generaciones. Pese a que ese pudiera ser inicialmente el propósito, el efecto ha sido uno bien distinto: lo que era sin duda un monumento a la guerra sirve ahora como monumento en contra de ella, y esta obra de arte, devastada, casi reducida a escombros y polvo, destrozada, demuestra ser una advertencia, la más terrible que pueda imaginarse, dirigida a todos aquellos que sientan amor por su patria, para que no vuelvan a exponer nunca las obras más sagradas de su historia a una mortífera devastación como esta.

LA PUERTA DE MENIN

A Ypres se le ha arrebatado, pues, su más ilustre obra de arte: nadie más peregrinará en un futuro a esta remota ciudad, como hacíamos nosotros antaño, únicamente para ver esta lonja, una construcción espléndida, ahí plantada con sus hombros anchos, templada e imponente. Sin embargo, a cambio del monumento perdido, Ypres ha ganado uno nuevo y (lo auguro ya) sobrecogedor en un sentido espiritual y artístico: la Puerta de Menin, erigida por la nación inglesa en honor a sus muertos, un monumento más conmovedor que ningún otro que se levante en tierra europea.

Esta puerta enorme, alta y de brillo marmóreo, se alza en la ruta que antiguamente conducía hasta el enemigo. Un par de metros del ancho del camino quedan cubiertos por su sombra y su techumbre, ese camino que era el único en la Ypres cercada, por el que se desplazaban hacia el frente los regimientos ingleses bajo el sol abrasador y la lluvia, por donde circulaban los cañones, las ambulancias volantes y la munición, y por el que luego regresaban incontables ataúdes. Esta ancha puerta se arquea formando una modesta mole de estética romana, más semejante a un mausoleo que a un arco del triunfo. En la moldura superior de la parte frontal, la que da a la zona enemiga, hay un león de mármol cuya prominente zarpa reposa como sobre una presa que no quisiera dejar escapar; en la parte trasera, la que da a la ciudad, se erige adusto y recio un sarcófago de mármol. Y es que este monumento honra a los muertos, a los cincuenta y seis mil ingleses muertos en Ypres cuyos cadáveres no pudieron encontrarse, que están enterrados en algún lugar en una fosa común, destrozados, irreconocibles por las granadas, o podridos en el agua: a todos esos que no tienen, como los otros, su piedra brillante, blanca y pulida en los cementerios que rodean la ciudad, una marca propia de su último lugar de reposo. Para todos ellos, los cincuenta y seis mil, se levantó este arco de mármol abovedado como un monumento funerario común, y los cincuenta y seis mil nombres están todos grabados en letras doradas sobre la piedra de mármol; son tantos, un número tan infinito, que esas inscripciones, como las de las columnas de la Alhambra, se han convertido en ornamento. Un monumento, pues, que no se ofrece a la victoria, sino a los muertos, a las víctimas, sin distinción ninguna, a los caídos australianos, ingleses, hindúes y mahometanos, inmortalizados todos en la misma mole y con la misma grandiosidad, en la misma piedra, a causa de la misma muerte. No hay ni una imagen del rey, ni una mención a la victoria, ni reverencias al genio de los comandantes, ni palabrerías de príncipes coronados o archiduques. Solo una inscripción lacónica e imponente en el frontal: *Pro rege, pro patria*. Con esa sencillez verdaderamente romana apela este monumento funerario a esos cincuenta y seis mil hombres de un modo más estremecedor que todos los arcos del triunfo y monumentos a la victoria que yo haya visto en mi vida, y dicho estremecimiento aumenta aún más al reparar en las coronas amontonadas, siempre renovadas, dejadas por viudas, hijos, amigos. Porque una nación entera peregrina todos los años a esta tumba común de soldados insepultos y desaparecidos.

KERMÉS SOBRE LOS MUERTOS

Ypres es hoy un lugar de peregrinaje para la nación inglesa. Y se entiende, a la vista de las miles y miles de tumbas, de ese trágico lugar dedicado a aquellos cincuenta y seis mil muertos, aunque precisamente la abundancia de trajín pone en grave peligro lo reverente del impacto producido por el lugar, y en medio de toda la emoción salta un sentimiento de resistencia ante una organización tan perfecta y tan precisa en su funcionamiento. En la plaza del mercado hay un parque de automóviles, un embotellamiento como el que se produce delante de una ópera; los ómnibus verdes, amarillos y rojos, esas pozas rodantes, vierten cada hora a miles de personas en la ciudad, un auténtico ejército de turistas que, acompañados por guías de voces elevadas, contemplan los «sitios de interés» (¡doscientas mil tumbas!). Por diez marcos se tiene todo: la guerra de cuatro años al completo, las tumbas, los grandes cañones, la lonja hecha añicos, con *lunch* o *dinner* y demás comodidades incluidas, y un *nice strong tea*, tal y como se anuncia en los letreros. En los puestos se hace negocio sin cesar con los muertos, se ofrecen obsequios creados a partir de trozos de granadas (que quizá le arrancaran las entrañas a alguien), unos bonitos recuerdos del campo de batalla de los que vi el más terrible ejemplo en un escaparate: un cristo de bronce cuya cruz estaba hecha con cartuchos recogidos. En los hoteles suena música en directo, las cafeterías están llenas, arriba y abajo corren los automóviles, los obturadores de las cámaras Kodak repiquetean. Todo está organizado de manera excelente, cada sitio de interés tiene su docena de minutos asignada, porque hay que estar de vuelta como muy tarde a las siete en Blankenberge y en Ostende para ponerse el *smoking* e ir a cenar.

Es horrible —casi tan chocante como la propia idea de esos muertos— pararse a pensar que, igual que la tierra obtiene su abono de los cadáveres, así también los vivos sacan provecho de los muertos, y que los despreocupados descendientes pueden contemplar los estremecedores tormentos de medio millón de hermanos con las mismas comodidades y buena organización que quien ve un espectáculo cinematográfico. Que ellos recorren en automóviles bien amortiguados las mismas calles que atravesaron esos otros durante meses, cargados como los esclavos romanos que portaban los ladrillos de adobe, cubiertos de mugre y sudor. Que, sentados en salones restaurantes bien ventilados, les ponen de inmediato por delante todo tipo de refrigerios que habrían sido néctar y ambrosía para quienes ocuparon unas madrigueras húmedas y cochambrosas. Que pueden contemplar en media hora cuatro años de martirio de medio millón de personas, cigarro en boca, cómoda y tranquilamente, a cambio de diez marcos, y luego alabar la experiencia como algo digno de ver en un par de docenas de postales.

Pero en fin.

Pero en fin: está bien que en ciertos lugares de este mundo aún queden un par de atroces muestras visibles de aquel gran crimen. En última instancia, está incluso bien que cien mil personas zascandileen por aquí todos los años, con comodidad y aire despreocupado, porque así y todo, lo quieran o no, es una manera de recordar estas innumerables tumbas, estos bosques envenenados, esta plaza devastada. Y todo recuerdo consigue que incluso el carácter más primitivo y manso evoque de algún modo imágenes. Todo recuerdo, independientemente de su forma y propósito, empuja de nuevo la memoria hacia esos años terribles que no deben olvidarse nunca ni dejar de conocerse. Así pues, del mismo modo me parece instructivo y pertinente que en Bélgica, todos los años, a las nueve de la mañana del 4 de agosto, hora a la que en 1914 los alemanes entraron en el país, empiecen a tañer todas las campanas, silben las sirenas de todas las fábricas y el trabajo se detenga durante unos minutos. Las autoridades que dispusieron esta medida puede que lo hicieran movidas por un sentido nacional, patriótico, no para oponerse a la guerra; pero en cualquier caso, también una medida así ayuda al recuerdo, mueve e impacta las conciencias adormiladas y apagadas. Y sería de agradecer que todos los países de Europa que alguna vez hayan pasado por una guerra asumieran esta solemne costumbre, que también todos los años en Alemania y en Francia, justo a la hora en la que se declaró la guerra, tañesen todas las campanas, silbasen todas las sirenas y el trabajo se pausara durante unos minutos: cinco minutos de meditación, de recuerdo y de indignación.

1933
SALZBURGO

Sé bien que es complicado querer expresar con palabras meramente descriptivas la contemplación sensorial de una imagen, de una persona, de una obra de arte, y aún es infinitamente más difícil intentar dibujar en el aire, por así decirlo, el perfil de una figura tan compleja como la de una ciudad. Pese a todo, quisiera intentarlo, porque el nombre de Salzburgo ha pasado a tener entidad europea en los últimos años gracias al éxito del festival que se celebra allí todos los veranos, y alguien podría sentir curiosidad por conocer el carácter de esta urbe de la que tanto se habla. Así pues, voy a procurar, en beneficio de aquellos a los que les sea imposible el viaje y la visita, ofrecer en palabras una vaga idea de la idiosincrasia de esta villa austriaca, a la que Humboldt, gran viajero, cuenta entre las tres más bonitas del mundo entero.

Cada uno de los tipos de belleza que hay sobre la Tierra sigue sus leyes propias y únicas, son, por así decirlo, ecuaciones de solución armoniosa formadas por varios factores. Así, la belleza de una ciudad nunca radica meramente en su arquitectura, sino también y a la par en su particular conjunción con la naturaleza, en el matrimonio bien avenido entre lo producido por el ser humano y lo dispuesto por Dios: ha de integrarse en la naturaleza a manos del artista anónimo, igual que la imagen encaja en su marco. Para esa plena integración en la naturaleza, una ciudad necesita vincularse no solo con un elemento, sino con todos ellos, con el agua, con la tierra y con el aire. El agua realza el aspecto vivo de una villa; probablemente no exista una sola ciudad bonita que carezca de la presencia de aguas: ya sea que encarnadas en río transporten barcos y circulación por las sólidas orillas o encarnadas en mar presenten de fondo la espléndida imagen de la infinitud, su movimiento ha de estar presente en todo paisaje. También debe estar la tierra, que, cuando se aglomera formando montes y montañas, riscos y acantilados, presta a la arquitectura un telón de fondo y un panorama. Una villa que esté toda en terreno llano, sin aguas ni montañas, nunca podrá desplegar por completo su belleza. Y en tercer lugar, para ser bonita una ciudad ha de estar envuelta en aire y respiro, es decir, dar vía libre a la vista, plazas amplias, perspectivas hermosas, que permitan a sus formas surgir plenas y vívidas.

Este vínculo con los elementos —con la tierra, con el agua y con el aire— se cumple casi de manera ejemplar en Salzburgo. Desde el sur se proyecta la masa de roca más imponente de Europa, los Alpes, con su caída amenazadora. Pero justo a las puertas de Salzburgo, en realidad dentro de la urbe misma, esta ola arbolada de roca se detiene de sopetón, en un frenazo tremendo. Delante mismo de las últimas casas de la ciudad, los Alpes llegan a su final. El Untersberg, el macizo Watzmann, el Göll, montañas de dos mil metros de altura, envuelven el horizonte como una pared de roca sobresaliente, aunque no bajan abruptas y hostiles a las profundidades, sino que se desvanecen en unos cuantos montecitos mansos, entre los que hay dos, el Mönchsberg y el Kapuzinerberg, que se alzan en la propia Salzburgo, cubiertos de verdor, domesticados y habitados. Tras esta última ola que desaparece suavemente empieza el terreno llano, que como un plato liso se extiende hasta llegar al mar del Norte. Dicha dualidad supone un aliciente especial. A mano derecha, la mirada ha de alzarse a las montañas y a los acantilados de roca cubiertos de nieve, mientras que a la izquierda esa misma mirada abarca un horizonte abierto hasta el infinito, y así esta ciudad se emplaza exactamente en mitad de dos zonas de habitabilidad, entre dos formas de clima, entre una tierra montañosa y una tierra de llanura. Puede ser un municipio puramente septentrional y también uno meridional. En los días duros del invierno brilla con el resplandor de la nieve gracias a las montañas cubiertas de blanco, el aire es frío y limpio, helado como el hielo, los trineos recorren el campo blanco con su tintineo y de las montañas y los montes bajan veloces los esquís; pero de la noche a la mañana empieza a soplar abruptamente el viento, el cielo adquiere un tono azul, húmedo y templado, propio del *foehn*, y al cabo Salzburgo se convierte en una ciudad del sur, con colores italianos, reluciente con los tejados blancos de sus casas y rodeada por jardines frondosos y lozanos: un paisaje suntuoso, cálido y casi lascivamente tierno. En esos momentos, esta urbe archialemana se ve tocada por un último brillo del sur.

Pero también el segundo elemento de la belleza, el agua, está íntimamente ligado a Salzburgo. El Salzach, que avanza casi siempre raudo y espumoso bajo sus puentes, se convirtió una vez en portador de una de las novelitas más adorables de un autor nórdico, J. Peter Jacobsen (*To Verdener*, o Dos mundos). Se trata de un río alpino, pequeño pero revoltoso, que en la época del deshielo es capaz de estallar en una furia repentina, destrozar impetuoso los puentes y llevarse a rastras innumerables árboles a modo de botín; en verano fluye en gran medida tranquilo y contenido, aunque raras veces consiente más que el peso de un bote sobre sus inquietas espaldas. Sin embargo, esta fuente de agua no es el único elemento vivificante; en derredor, adentrándose en la región de Salzkammergut y en dirección a la ciudad de Berchtesgaden, se disponen varios lagos, uno tras otro, en llano y rodeados de montañas, verdes y azules, grandes y pequeños, mundanos y románticos: pareciera que aquí la coqueta naturaleza hubiese esparcido innumerables espejos entre el verdor para contemplar su atractivo de un modo distinto en cada uno de ellos. Y luego el tercer elemento de la belleza, el aire, el espacio libre. En este sentido, Salzburgo está construida sin reparos, imponentes las torres, imponentes los palacios, de unas dimensiones desafiantes las iglesias, pero también las plazas que las preceden son espaciosas, de forma que la altura y las curvaturas de estos templos resaltan en toda su plenitud. Veinte, treinta torres de iglesias se alzan entre el laberinto de casas de ángulos por lo demás estrechos, cada una de ellas a su manera: de juntas angostas y redondeadas, cuadrangulares y con cúpulas de bulbo, pequeñas y discretas que solo asoman sobre el cúmulo de casas como si fuesen sombreros, o anchas y macizas que pretenden evocar conscientemente la cúpula de San Pedro y su esplendor marmóreo. Y todas estas muchas iglesias tienen campanas, y todas esas campanas suenan cada una con un tono diferente, más nítido o más profundo, de manera que en muchas horas la ciudad está como tensada por una lona de bronce. No obstante, por encima de todo ello se levanta el gigantesco emblema de Salzburgo, la fortaleza de Hohensalzburg, con una perspectiva maravillosa y siempre cambiante. Da igual que uno esté sobre las alturas del Gaisberg, con el valle abajo, o que llegue desde las tierras llanas de Baviera, que esté mirando hacia abajo desde lo alto o alce la vista desde las profundidades: desde todas partes, del norte y del sur, del este y del oeste, de cerca y de lejos, lo primero que se ve siempre es ese navío de piedra, la Hohensalzburg, por encima del vaivén verde del paisaje. Anclada con firmeza desde época romana, un trirreme de dos mil años hecho de brillantes sillares, esta embarcación navega por el tiempo pese a alzarse eternamente en el mismo sitio, encandilando la mirada con mástil y gallardete cuando enseña la pronunciada proa o con cientos de escotillas y ventanas si muestra la andanada. Y en torno a este reluciente navío murmulla la pequeña y vetusta ciudad, como espuma blanca en mitad de una marea verde.

La estampa es ancestral, continúa intacta, siglos conocen ya a esta urbe con el mismo perfil. El corazón de Salzburgo ha cambiado poco, y actualmente hay un interés deliberado por mantener lo más inalterada posible esta imagen histórica única de una ciudad medieval en mitad de la vida moderna. Porque mientras que en el resto de sitios lo pasado cae víctima de la impaciencia del presente, aquí lo histórico se conserva con fidelidad. Por un golpe de suerte, Salzburgo es casi la única villa que, en mitad del belicoso territorio alemán, no ha conocido desde hace cientos de años ninguna guerra, ninguna conquista ni a ningún saqueador, y así lo creado por ancestros y antepasados ha podido perdurar en su forma tradicional. Y había mucho que conservar, muchos elementos vetustos de los primeros tiempos de la cristiandad (Salzburgo es uno de los arzobispados más antiguos del mundo) y mucha riqueza artística, acumulada poco a poco. La opulencia de antaño se la debe esta ciudad a la sal, como su propio nombre indica. Y es que, antiguamente, en los países del interior de Europa que no recibían ese divino regalo del mar, la sal era tan valiosa como el oro; desde cualquier lugar de Europa en el que por entonces se encontrara sal salían carreteras y caminos en dirección al resto del mundo, eran las rutas de la sal, por las que luego se traían tesoros obtenidos a cambio del acre oro blanco. En balsas que recorrían todo el Salzach y en carros se transportaba esa sustancia tan valiosa, indispensable para el sustento, en un comercio que se desarrolla desde tiempos inmemoriales. La posibilidad de extraer dicha sustancia tan poco frecuente de las montañas a las puertas mismas de Salzburgo —en Hallein o en Hallstadt (Hall aquí significa «sal»)— la conocían ya los romanos, que no tardaron en distinguir con su excelente mirada estratégica la maravillosa ubicación geográfica de Salzburgo y la convirtieron en su fortaleza, Juvavum. Aún hoy se encuentran piedras y restos de vasijas romanas al reformar casi cualquier casa. Luego los arzobispos pasaron a ser los señores de la ciudad, señores benévolos que gozaban con el boato, espiritualmente religiosos, a quienes no les gustaba la guerra y cuya verdadera inclinación era el arte. Construir magníficas iglesias y amplios palacios, jardines bonitos, fuentes y caprichos de agua era su pasión; todos quisieron superar a su predecesor aportando un esplendor nuevo y diferente, contaron con maestros de obra y músicos italianos y se permitieron, ricos como eran, dotar al espacio en el que residían de una plenitud esplendorosa. Gracias a su juiciosa política, que ahorró a la ciudad todas y cada una de las guerras, su obra se ha mantenido, en esencia, intacta. En Salzburgo nada se ha destruido, nada, desde hace cinco siglos o más. Especialmente de noche, quien pasee por sus calles y plazas podrá hacerse la perfecta ilusión de estar en el siglo XV o XVI, pues en el corazón de su casco histórico no hay ni una sola casa moderna, y con tranquilidad puede afirmarse que tampoco hay ninguna que no muestre la tradición artística al menos en algún detalle: una puerta de mármol tallada con total destreza, un pequeño patio barroco, una delicada escalera, un tejado peculiar... La vieja y delicada artesanía de la Edad Media exhibe en miles de ejemplos su diversidad y su destreza.

Todo ello hace que Salzburgo sea dos mundos en uno, un lugar misterioso sin apenas parangón. Y es que esta vetusta ciudad, anticuada y pequeña, que durante meses permanece sumida en un bonito letargo, se convierte en verano en la metrópolis más viva y con más ambiente cultural de Europa. Los trenes internacionales de lujo bañan sus festivales con la gente más rica, más conocida, más famosa y más curiosa de Europa, y durante dos meses Salzburgo se convierte en la indiscutible capital de la música, del teatro y de la literatura, bajo la batuta de Richard Strauß, Bruno Walter y Max Reinhardt. En los cafés y en la gran sala de los festivales, uno se encontrará con casi cualquiera que hoy tenga un nombre en Europa artísticamente hablando: músicos, actores, poetas, gente del cine que solo se habrá visto antes en las publicaciones ilustradas; los automóviles de lujo pasean sus selectos cargamentos, mientras que cincuenta pasos más allá hay un sosegado camposanto, impasible desde hace quinientos años, como una Edad Media durmiente. Sin saberlo, uno sale del campo y se adentra en la ciudad, y sale de la ciudad y se adentra en el campo. Las avenidas se interrumpen a la mitad con praderas que rodean un vetusto castillo y de repente se convierten en caminos, y sus árboles se congelan y pasan a ser muros de piedra. Por su parte, en pleno Salzburgo brotan amplios jardines en patios que nadie conoce, de arriba abajo, desde las montañas y los montes hasta el valle, el paso lo van abriendo villas y palacetes. En todos lados se ha rehuido la fuerte disparidad en forma y tiempo: el paisaje penetra con delicadeza en la ciudad y esta se diluye en abanico hacia las afueras; lo viejo se distribuye entre lo nuevo, lo urbano entre lo anticuado, lo septentrional entre lo meridional, montañas y valle se reconcilian amablemente en esta urbe. El poeta Franz Karl Ginzkey encontró para ello una bonita formulación: «Salzburgo es una ciudad de montaña de una peculiar naturaleza, abierta y liberadora. Lo que en otros lugares se considera opresivo y amenazante en la proximidad de las montañas, aquí parece quedar bajo un brillo lejano, bajo una apariencia luminosa y alegre».

Este arte de la transición armoniosa es lo maravilloso de Salzburgo, y al mismo tiempo encarna su eminente musicalidad. Como pocas ciudades sabe esta resolver con armonía en piedra y ambiente lo que resultan ser, en la realidad, bruscas disensiones. Y este secreto, esta solución armónica de la disonancia, lo ha aprendido de la música. No hace falta señalar de entrada la casa natal de Mozart para confirmar la tremenda musicalidad que estimula y provoca Salzburgo, pero sin duda no es casual que aquí naciese precisamente el músico más alegre, versátil, flexible y animado de todos, Mozart. El aire liviano, el encanto de los jardines de recreo, el florido barroco de los edificios obispales y también la eterna grandiosidad del paisaje, todo lo elevó Mozart a una armonía perpetua. De algún modo lo consiguió: cómo lo hizo es su secreto inimitable, y también el de Salzburgo. La aparición del fenómeno creador en el seno de una ciudad así es desde luego algo tan complicado de explicar como el nacimiento de una obra de arte, y sigue siendo irrelevante preguntar quién asignaría a Salzburgo su particular tonalidad artística (perceptible incluso para el oído más sordo). Podría intentarse elogiar a alguien, podría discutirse si fueron los arzobispos, esos señores ricos, amigos de las artes y duchos en ellas que quisieron crear una nueva Roma aquí, al norte de los Alpes; o si fue por el contrario la magia del paisaje, o los maestros de obra italianos o la particular constelación de la época: el final último de un truco de magia nunca se desvela. Al igual que sobre algunas personas, el genio de la música también se cierne sobre ciertas ciudades de la Tierra, se trata de ciudades que aparecen curvadas como si fueran un instrumento de piedra para dar una vibración especial a la vista y al sentimiento. Salzburgo, la urbe de los príncipes de la Iglesia, nunca se construyó pensando en la defensa o la guerra, como sí ocurrió con la mayoría de las ciudades alemanas, que tenían que apretujarse dentro de un cinturón de murallas; siempre ha dispuesto de un luminoso espacio para la música y las melodías vitales de su alma, siempre pudo esta ciudad cantar y alzar plenamente el vuelo: un instrumento sonoro que quería entonar las alabanzas de los momentos festivos y alegres. Esos lugares, se nota, se construyeron para el trato entre la gente y para las procesiones, las fortalezas no se levantaron como castillos, sino como paraísos de recreo para la jovialidad y el juego, y las iglesias tienen espacios abovedados para alabar sonoramente a Dios con órganos y cánticos. Desde los orígenes, a esta ciudad santa la ataviaron a conciencia sus señores (amigos del boato y aficionados a las artes) con el rasgo festivo y lúdico, algo que luego uno de sus habitantes, Mozart, su hijo eterno, trasladó desde la piedra y las líneas hasta el ingenio y la música. Con él, la forma de Salzburgo se moldeó en otro elemento hasta hacerse eterna. Sin embargo, el viejo instrumento aún se levanta indemne en el terreno mundano, en su forma original, siempre preparado para volver a sonar: es un marco para los festivales y la alegría veraniega, el más natural y magnífico que pudiera imaginarse. Y es que en Salzburgo no es necesario llenar el escenario de cartones y lienzos como en cualquier función para insinuar un ambiente y una apariencia teatral; aquí, el callejón y el patio cotidianos, la iglesia y el paisaje mismos, son ya un escenario incomparable y una atmósfera ambientadora, como se ha comprobado por ejemplo con *Jedermann* o este año con *Fausto*. No sorprende en absoluto que los mayores y mejores artistas de nuestro tiempo se sientan en esta ciudad más exultantes que sobre las tablas donde actúan normalmente, envueltas en polvo y moho; no es nada asombroso tampoco que los mayores cantantes prefieran oír su voz aquí, la alcen más que en otros sitios; no extraña, pues, que en los festivales a veces suene todo al unísono de una manera verdaderamente mágica. Porque cuando en Salzburgo empiezan la música y el festival, nada ajeno ni nuevo se incorpora por la fuerza a la atmósfera de la ciudad. Por el contrario, se satisface de verdad el concepto de festejo que hay grabado en la piedra, se entona la música de estos muros (como si hubiese estado congelada), que de maravilla sabe arrastrar con su magia al público. En esos escasos días en los que el cielo, el paisaje y los artistas más distinguidos del momento se unen para colaborar en las obras más sublimes —como *Fidelio*, *La flauta mágica* u *Orfeo y Eurídice*—, experimenta uno a veces, en mitad de este mundo ajado, en estos tiempos ajados, el puro y pleno impulso del festejo, ese estado de gracia que solo surge cuando naturaleza y arte, cuando arte y naturaleza, se tocan como labios de bocas ajenas; y es en esos días cuando esta pequeña y milenaria urbe austriaca cumple su misión no solo ante su patria, sino ante todo el ancho mundo, y se hace verdaderamente digna de portar el título de ciudad de Wolfgang Amadeus Mozart.

1937
LA CASA DE LOS MIL DESTINOS

ESCRITO PARA EL CINCUENTA ANIVERSARIO DEL SHELTER DE LONDRES*

Si viajas hoy de un país a otro, en barco o en tren, y tienes tiempo para observar (y el don para hacerlo), te percatarás cada dos por tres de la cantidad de viajeros que se transforman de repente, nada más aproximarse la frontera. Se tornan inquietos, no son capaces de seguir sentados, caminan arriba y abajo con semblante tenso. Les ha sobrevenido un miedo a algo, se les ve, un miedo misterioso. Y es que al cabo de una hora, de media quizá, empezará lo ajeno y extraño y, con ello, la gran incertidumbre. Se verán despojados de todo lo que les es habitual, serán distintas las costumbres, distintas las leyes, distinto el idioma, y la inquietud que allí les espera se ha apropiado ya de todo su ser. Sus preocupaciones son casi físicamente visibles, pues se palpan sin cesar y con manos nerviosas los bolsillos delanteros, en los que llevan el pasaporte, el escaso dinero y la documentación. En casa les han asegurado que todo está en orden, han pagado timbres y tasas. Pero y si... ¿Y si al final eso no tiene validez? ¿Les cerrarán en el último momento la puerta de entrada al país extranjero? Cada vez más inquietas caminan estas personas, arriba y abajo, cada vez más, cuanto más se acerca la frontera. Y cuando las observas, conmovido, te devuelven una mirada huidiza. Sientes que quieren preguntarte, hablar contigo, para que las tranquilices, las consueles en su incertidumbre, les digas que tienen un amigo, una ayuda en esa tierra extraña que empieza ahora ante ellas. Pero al mismo tiempo les resultas sospechoso, porque en casa las han advertido contra los desconocidos que se les acerquen insistentes, que asaltarían incluso a los más pobres. Así pues, se agachan de nuevo, tímidas y con miedo, hasta que llega el momento en el que se ven ante los aduaneros como acusados ante un juez.

Miles y miles de personas así se encuentran ahora mismo en camino, muchos judíos entre ellas. Porque de nuevo una gran tormenta recorre el mundo, arrancando las hojas de un tronco milenario y arremolinándolas por las calles de la Tierra. De nuevo, como sus padres y abuelos, innumerables judíos tienen que abandonar el país y la casa donde vivían tranquilamente y buscarse una nueva patria en algún lugar (la mayoría no sabe dónde). Pese a que siempre ha sido duro enfrentarse a lo desconocido, nunca lo ha sido más que en nuestros días. Y es que los países se están cerrando los unos a los otros con una actitud hostil y recelosa. Hay más desconfianza entre las personas que en ninguna otra época, y quien hoy es apátrida lo es más de lo que ningún pueblo lo haya sido antes.

Así pues, mira bien a esos apátridas, tú que tienes suerte, tú que sabes dónde está tu casa y dónde tu patria, tú que viajas de vuelta a tu hogar, que encontrarás tu habitación preparada y tu cama también, y allí tendrás los libros que más te gustan, y los aparatos a los que estás acostumbrado. Mira bien a los expulsados, tú que tienes suerte, tú que sabes de qué vives y para quién, y al hacerlo te darás cuenta, humildemente, de que solo por casualidad estás en una posición privilegiada frente a los demás. Mira bien a las personas que se apiñan ahí, al borde del barco, y acércate a ellas, habla con ellas, porque eso ya es un consuelo, que te acerques, porque al dirigirte a ellas en su idioma reciben inconscientemente un aliento de la patria que han perdido, y sus ojos se iluminan y llenan de elocuencia. ¡Pregúntales adónde se dirigen! Los rostros se ensombrecen. Emigran a Sudamérica, allí tienen parientes. Pero ¿encontrarán sustento, podrán trabajar y labrarse una vida nueva? Y luego otra pregunta, que cuánto tiempo pasarán en Londres. Ah, solo tres días, hasta el siguiente barco. ¿Que si hablan el idioma? No. ¿Que si conocen ahí a alguien que pueda ayudarlas? No. ¿Que si tienen dinero suficiente para el alojamiento? No. ¿Cómo se las van a apañar para salir adelante esos tres días con sus tres noches? Entonces se ríen confiadas, sin ningún temor: «Eso está solucionado. Vamos al Shelter».

¿El Shelter? No sé lo que es eso, aunque pasé una

buena temporada en Londres. Nunca me ha hablado nadie de ese lugar, de esa institución. Pero curiosamente, todos estos judíos de las ciudades más remotas y desconocidas saben de él. En Polonia, en Ucrania, en Letonia y en Bulgaria, de un extremo de Europa al otro, todos los judíos pobres conocen el Shelter de Londres. Al igual que una misma estrella la ven innumerables personas que no saben nada unas de otras, así este nombre representa para toda esa gente una comunidad de consuelo. De un extremo al otro del mundo judío, esta leyenda se transmite por el boca a boca, la leyenda del Shelter de Londres: que en algún lugar hay una casa que ofrece a los judíos emigrantes —¡y cuántos tienen que emigrar!— reposo para los cuerpos fatigados y consuelo para el alma, una casa que les regala tranquilidad durante un par de días y los ayuda además en su camino de una tierra extraña a otra. El hecho de que yo precisamente, que tuve residencia frecuente en Londres, fuera el único de entre todos esos judíos del barco que no sabía nada de aquella casa me avergonzaba mucho. Y es que así somos: nos enteramos de todo lo malo que ocurre en la Tierra. Todas las mañanas el periódico nos arroja a la cara noticias sobre la guerra, la muerte y el crimen, la absurdez de la política colapsa nuestros pensamientos. Sin embargo, de lo bueno que ocurre en un ámbito privado raras veces tenemos conocimiento. Y justo esto sería esencial en una época como la nuestra, porque todo logro moral activa en nosotros, gracias a su ejemplo, las energías verdaderamente valiosas, y todas las personas mejoran cuando tienen posibilidad de admirar el bien de buena fe.

Así pues, acudí a ver ese Shelter. Se trata de una casa situada en el East End, en un callejón discreto al que sin embargo han sabido llegar miserias de todo tipo. Adecuadamente equipada, sin lujo alguno pero de una limpieza extraordinaria, aguarda esta casa con la puerta siempre abierta al emigrante, al expatriado que quiera descansar allí. Hay una cama preparada para él, tiene una mesa dispuesta y mucho más: recibirá consejo y ayuda en mitad de un mundo extraño. Al fin podrá expresar con tranquilidad cualquier preocupación que lo oprima ante personas amigas, dispuestas a ayudar, alguien pensará y escribirá por él y procurará al menos allanarle una parte del duro camino desconocido que tiene por delante. En mitad de la tremenda incertidumbre que envuelve ahora la vida de miles de personas como una nube de niebla helada, sentirá durante un par de días el calor y la luz de la humanidad y —un auténtico consuelo en su desconsuelo— verá, experimentará, que no está solo y perdido en tierra extraña, sino vinculado a la comunidad de su pueblo y a la comunidad más elevada de lo humanitario.

Desde luego ninguno tiene permitido un reposo prolongado, pues la desventura judía se desplaza hoy como una tormenta incesante por todo el mundo. Otra vida expulsada como la suya reposará mañana en esa cama, otra distinta comerá a esa mesa: miles y miles de personas han descansado y recuperado fuerzas en este Shelter desde su fundación, hace cincuenta años, y han continuado luego su camino agradecidas; ningún poeta habría tenido inventiva suficiente para describir la diversidad y la tragedia de estos miles de destinos. Porque toda nueva ola de infortunio que se alza en el mundo, ya sea en Alemania, Polonia o España, arroja existencias rotas y machacadas contra esta solitaria casa —desconocida para los afortunados, los ricos, los despreocupados—, que hasta el momento ha soportado gloriosa todo embate y cuyos custodios han prestado su servicio de ayuda con admirable dedicación. Con que puedan eliminar tan solo una gota, cualquiera, del mar inagotable de la desventura humana, de la desventura judía, ¡cuánto supone eso! ¡Alegrarle un solo día a un infeliz, darle a un apátrida cierta sensación de patria durante solo unas horas, ofrecer una nueva certidumbre a quien ha perdido del todo los ánimos! ¡Qué maravilla esta casa, pues, que sirve al desahuciado y al apátrida! ¡Gracias a todos los que crearon y mantienen este monumento desconocido e incomparable a la solidaridad humana!

* Zweig dedica este texto al Jews' Temporary Shelter (Albergue Temporal para Judíos), una organización benéfica con sede en Londres. En 1885, el panadero Simon Cohen abrió un espacio para acoger a inmigrantes procedentes del este de Europa, a quienes ofrecía cama y alimento. Al poco, ciertos líderes de la comunidad judía consiguieron cerrar el lugar alegando problemas de higiene, ya que se oponían a él por considerar que fomentaba la inmigración. Sin embargo, el albergue no tardó en reabrir gracias a la presión de otros sectores de la comunidad. Pese a algún cambio de sede, la institución sigue en activo aún hoy.

1940
LOS JARDINES EN GUERRA

Entre los muchos de Europa que tienen el triste privilegio de participar ahora en la Segunda Guerra Mundial con los sentidos bien despiertos, se me ha reservado la excepcionalidad de presenciar esta desde un frente distinto a la anterior: la primera la viví desde Alemania y Austria y la segunda, desde Inglaterra. Por eso la observación se ha convertido involuntariamente para mí en una comparación constante, una comparación no solo de la situación de ambas guerras, sino también de la de ambos pueblos en guerra.

La inmensa diferencia la encontré ya en los primeros días. En 1914, la declaración de guerra en Viena fue todo euforia, éxtasis. Solo habíamos conocido la guerra en los libros, nunca se había creído posible en una época civilizada. Y de repente ahí estaba, y como no sabíamos lo cruel, lo mortífera que sería, se despertó la fantasía, repentinamente azuzada, como algo propio de la curiosidad infantil, como en una aventura romántica. Inmensas masas de gente salieron en tropel de casas y comercios a las calles, formando columnas entusiasmadas; de pronto, había banderas, no se sabía de dónde habían salido, y música, cantábamos a coro, nos sentíamos exultantes y jubilosos sin entender muy bien por qué. Los jóvenes se agolpaban ante las oficinas para ofrecerse voluntarios; solo tenían miedo de que los reclutaran demasiado tarde y perderse así la gran aventura. Y lo más llamativo: todo el mundo sentía la necesidad de hablar, de hablar sobre lo que aquello suscitaba en comunidad. Gente desconocida conversaba por las calles, en las oficinas se olvidaba uno del trabajo, en los negocios, del negocio, se hablaba por teléfono de manera ininterrumpida, de casa a casa, para descargar con palabras la tensión interna; los restaurantes y las cafeterías de Viena estuvieron durante semanas llenos, hasta llegar la noche, de personas que discutían, exaltadas y nerviosas, pero cada vez charlando más y más: todos eran estrategas, economistas nacionales, profetas.

Esa fue la imagen que se me quedó grabada, inolvidable, de Viena en 1914. Luego llegó 1939, Inglaterra: un contraste igualmente inolvidable. En 1939 la guerra no fue una sorpresa repentina, sino un temor hecho realidad. La habían visto venir todos los países desde la ascensión de Hitler al poder, cada vez más cerca, habían hecho todo lo posible para contener su estallido, porque ya conocían su espanto. Se sabía por experiencia, por observación, que no era ninguna criatura mítica romántica, sino una máquina gigantesca equipada con todas las artes diabólicas de la técnica, que en su prolongado funcionamiento consumía a diario tremendas cantidades de personas y dinero. No se tenía ninguna ilusión puesta en ella. Nadie se alegró, todos se asustaron, todos sabían que para su país, para el mundo entero, vendrían años de oscuridad. La guerra se asumió porque debía asumirse, como algo inevitable.

Eso fue en 1939. Y aunque yo ya lo sabía, aunque esperaba de este país una actitud estoica como la única natural en él, Inglaterra terminó por sorprenderme. En los días de la guerra aprendí más sobre ese pueblo que durante años y años anteriores. La primera experiencia la viví el primer día. Por casualidad, tenía algo que solucionar en una oficina; mientras el funcionario me expedía un documento, la puerta se abrió y entró otro empleado que dijo: «Alemania ha entrado en Polonia. Es la guerra. *I have to leave at once*». Usó un tono de calma absoluta, como contando algo baladí de su trabajo. Y mientras se me paraba el corazón y (¿por qué me avergüenzo?) notaba que me temblaban los dedos, el funcionario acabó de redactar el documento delante de mí, tranquilamente, y me lo entregó con esa amable y leve sonrisa inglesa. ¿No lo había entendido? ¿No se lo creía? Pero entonces salí a la calle. Todo estaba en una calma absoluta, la gente no caminaba ni más rápido ni más agitada. Aún no lo saben, pensé de nuevo. Si no, no podría ocuparse cada cual de sus quehaceres con tanta parsimonia y compostura. Sin embargo, ahí estaban ya los periódicos ondeando, blancos y flameantes. La gente los compraba, los leía y seguía caminando. Ni un grupo exaltado, ni una aglomeración nerviosa en los negocios. Y así siguió siendo durante semanas, todo el mundo prestando sus servicios con calma y serenidad, nadie visiblemente exaltado, todos con tranquila determinación y taciturnos: de no haber sido por ciertas señales externas visibles, como el *black-out* o la abundancia de uniformes (nada usual en Inglaterra), nadie habría supuesto por la mera actitud de las personas que este país estuviese librando una de las guerras más arduas y decisivas de su historia.

Esta impasibilidad justo en momentos en los que estallan de manera inexorable la agitación, el fervor y el nerviosismo en todas las demás naciones sigue siendo para nosotros, los no ingleses, el gran misterio del carácter de este pueblo. Muy a menudo se ha intentado explicar dicha compostura desde un punto de vista psicológico: por una rigidez innata de los nervios o por la sistematización de la educación, que acostumbra ya a los niños a ocultar los sentimientos o al menos su manifestación obvia. Sin embargo, yo creo que se infravalora un elemento más profundo: la permanente vinculación con la naturaleza que de forma imperceptible transfiere algo de su gran serenidad a las personas que viven con ella en diálogo permanente. Durante mucho tiempo pensé —como la mayoría— que el amor y predilección más grandes lo sentía un inglés por su casa. Pero en realidad es por su jardín. Hace poco, alguien ha contado que en

Inglaterra hay tres millones y medio de jardines: prácticamente todas las casas, sí, incluso las pequeñas y humildes, tienen el suyo; además, muchos de los residentes urbanos que viven en los pisos de Londres poseen una casa para los *weekends*, a la que durante toda la semana anhelan ir por mor del jardín y de sus flores. Así pues, millones de ingleses (esos ingleses supuestamente tan poco románticos) trabajan en su jardín o jardincito los fines de semana o al acabar su jornada laboral: a última hora de la tarde o primera de la mañana, el obrero, el funcionario, el ministro, el empleado y el reverendo echan mano de sus herramientas de jardinería, excavan la tierra o podan los arbustos y cuidan sus flores. En esta tarea diaria de *gardening* —que no es un deporte ni un trabajo ni un juego, sino las tres cosas difuminadas unas en otras—, todos los ingleses son solidarios, todas las diferencias sociales desaparecen, las distancias entre pobres y ricos se anulan: ni siquiera el *earl* y el *duke*, que emplean a su buena docena de jardineros, tienen una menor vinculación personal con su jardín que la que siente el maquinista de tren hacia el humilde trozo de hierba de un par de metros cuadrados que tiene detrás de su casita. Y, en mi opinión, esa hora o media hora diaria entre flores, árboles, frutos, entre las cosas eternas y naturales, esa hora o media hora de plena desconexión de los acontecimientos y los negocios, genera gracias a su poder de distensión (*relaxing*) la maravillosa calma del pueblo inglés, inconcebible o al menos inalcanzable para nosotros. En mitad de un mundo cambiante y vulnerable a la destrucción, los ingleses reciben un recordatorio diario de que la esencia de nuestra Tierra, su belleza, permanece intacta frente a la absurdez de la guerra y la insensatez de la política. Al empezar o acabar el día, ese contacto les permite fortalecerse y apaciguarse, algo que, sumado en millones de personas, se manifiesta como rasgo de toda una nación; esos innumerables y modestos jardincitos que se aferran incluso a la casa más pobre, con su par de arbustos, su guirnalda de flores y su verdor cultivable, son el gran paliativo de este pueblo contra el nerviosismo, contra la incertidumbre y la ruidosa verborrea. Día a día, gracias a ellos, se renueva la constante calma y serenidad del individuo (casi inconcebible para nosotros, los no ingleses) como una fuerza de la nación entera, y con ello nos montan un grandioso espectáculo de presencia de ánimo, casi tan grandioso como el de la propia naturaleza.